競馬で勝ち続ける1%の人になる方法

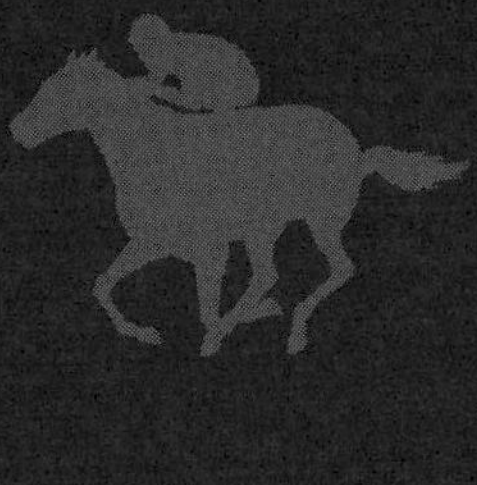

目次

第8章　データ予想で飯が喰える!?

第9章　馬券の買い方で大きな差が付く

第10章　競馬で勝ち続ける1%になる方法

はじめに

はじめに

始めまして、競馬ブロガー「メタボ教授」と申します。

ある日、ブログの読者様から『競馬の中級者・上級者が読む本は何がオススメか？』といった質問を受けました。

ところが、探しても探しても、最適な本が見つかりません。

それなら自分で作ろうと思い、今回「競馬で勝ち続ける1％の人になる方法」という本を執筆しました。

当初は個人作成による電子書籍として販売していましたが、各所でご好評をいただいたため、今回、正式に紙の書籍での出版という形になりました。ひとえに読者のみなさまのおかげでございます。

なお、本書籍は電子書籍版と同様に購入者向けの特典として「著者への質疑応答ページ」と「補講（追加コンテンツ）」をご用意させていただいております。

本書の最後に**URL**と**QRコード**がありますので、スマホ・PCからアクセスしてください。

追加コンテンツは今後も拡張していきます。

今回紙の本の出版にあたり、電子書籍版販売から1年以上が経過しているので、データを再集計しました。それに伴い、一部内容を修正しております。

ただデータは常に変化していきますので、来年以降も定期的に見直しを行い、購入者限定ページにて公開していく予定です。ぜひ、そちらも継続してご覧になっていただければと思います。

◆競馬で勝つための基本中の基本

期待値の追求というのは競馬だけではなく、他の公営競技・パチンコ・パチスロ・株式・FXなど、全てのギャンブルや投資において重要な考え方です。

競馬をやっている大半の人が、期待値の高い馬券を買おうと日々努力していると思います。

しかし、**競馬で勝っている人はごく少数**です。

その原因はJRAの取り分にあります。

賭けたお金は「運営費」や「国庫納付」を差っ引いた残りを、的中者で山分けするルールです。その割合は20%~30%となっています。

つまり、プラス収支をあげるには、他人より20%~30%分だけ予想精度を上げないといけません。

ハードルは想像以上に大きく、競馬で勝てない最大の原因です。

有名競馬予想家の大半は「既存のスピード指数を自分流に改良する」「血統という独立変数に対して、新たな従属変数を見つけ出す」といった、オリジナルの予想方法の開発に没頭してしまいます。

しかし、彼らの予想成績を見ても分かるように、それだけで勝てるほど競馬は甘くありません。

「他人と違う予想をしてオリジナリティを出す」という発想は正しいですが、それだけでは20%~30%の実力差が開くことはないのです。

では競馬で勝つにはどうすればいいのでしょうか?

答えはとてもシンプルで、競馬の予想ファクターである以下のようなさまざまな要素を、全てマスターすれば勝てます。

・能力比較
・展開
・馬場
・血統
・騎手
・調教
・パドック
・データ

でも、**競馬予想の全てをマスターしている人は存在しません。**

何故なら、**各要素をフォローするのに時間がかかる**からです。

限られた時間の中で効率よく予想出来るのが、優秀な馬券師なのです。

本書は競馬で勝つためのノウハウはもちろん、「効率的に勝つ方法」についても解説します。

第1章　勝てない予想方法とは

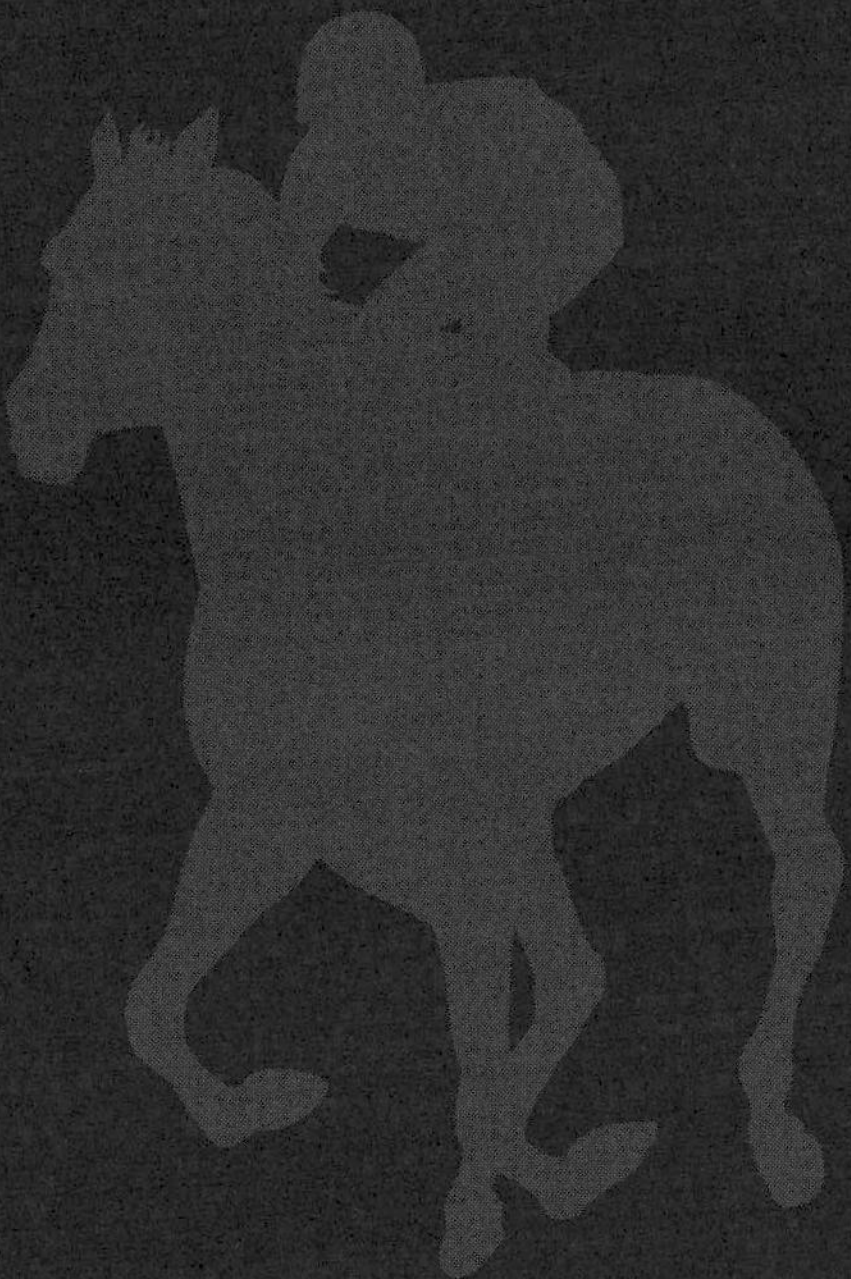

勝つための競馬予想理論を解説する前に「勝てない予想方法」というのをオサライしましょう。

先程、競馬予想ファクターを全てマスターすれば勝てると書きましたが、**『勝てる根拠が無い予想法』**は含みません。

勝てる根拠が無い予想とはオカルトだけでなく「**競馬予想会社**」「**追い上げ投資法**」というのも含まれます。

【1-1】競馬予想会社の予想が当たる仕組み

スポーツ新聞や競馬サイトには数多くの競馬予想会社の広告が乱立している状況です。

そこには、景気がいい的中実績が並びます。

しかし、その情報を見ても絶対に勝てません。

理由は至ってシンプルです。

「回収率プラスの予想ができるなら、公開しないで自分で買った方が儲かる」ので、無料公開されている予想だろうが、高額の料金を支払う予想だろうが一緒です。

他人に儲かる買い目を教えるとオッズが下がるのに、公開する馬鹿はいるのでしょうか。

競馬予想会社の手法は何十年も昔から変わっていません。

会員登録して来た人に対して予想会社は「1人1人に違った予想（買い目）を提供する」だけです。

例えば、無料体験予想で8人集まれば8種類の、予想を配信します。

8人の内1人が当たりますが、その1人が本会員となって高額の情報料を払ってくれれば会社としては成功です。

外れた残りの7人は本会員にならないはずですが、「予想の原価は0円」なので問題ありません。

これが競馬予想会社の手法です。

広告には毎週大当たり的中実績を乗せているわけですが、予想を分散させ全通りの配信をすれば必ず当たるので、嘘じゃないわけです。

最近では予想の無料体験以外にも「外れたら1ヶ月間無料公開する安心保証」とか「外れたら情報料金を返金」などいろいろな集客をしています。全て前述の手法の応用形になります。

ただそれだけの話なので、予想会社には関わらないようにしましょう。

【1-2】追い上げ投資法の期待値

競馬の必勝法としてよく「追い上げ投資」という言葉を目にします。

ざっくり言えば、「倍々」に賭けていくやりかたです。

(例) マーチンゲール法

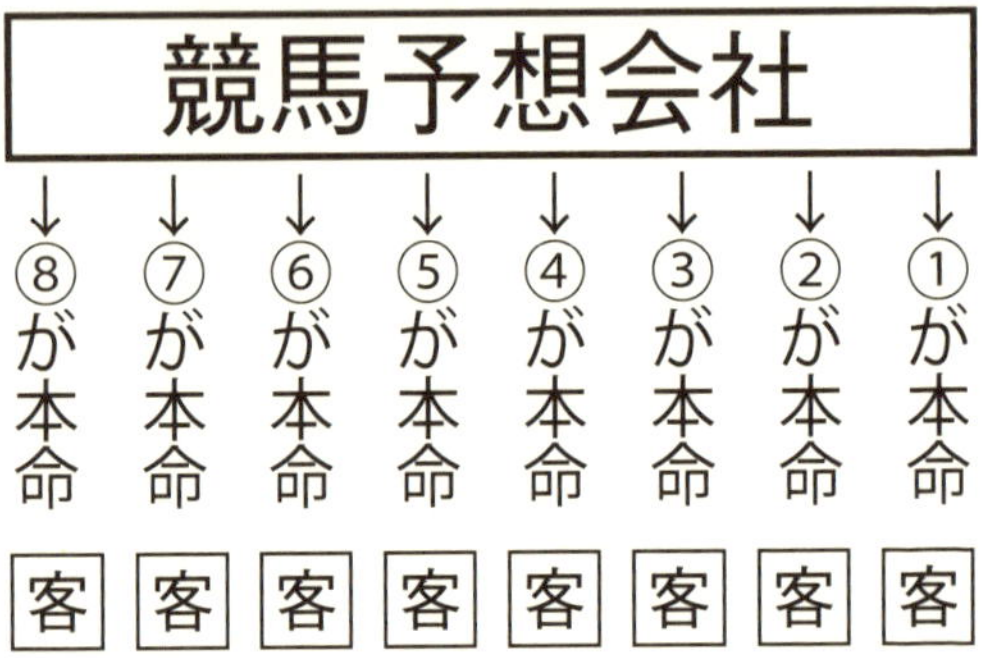

▲資金のショートを含めた場合

2倍の単勝に100円を張ったとします。当たった場合は100円の儲けです。外れた場合、今度は200円を2倍の単勝にBETします。

当たれば400円が払い戻され、それまでにかかった投資は「最初の負け100円」と「今回のBETの200円」で合計300円です。

差し引き100円のプラス。

また外れた場合、今度は400円を2倍の単勝にBETします。

当たれば800円の払い戻しで投資の合計は700円となり、これまた100円のプラス。

これを永遠繰り返せば、理論上負けないのが追い上げ投資の考え方です。

カジノでも有名な手法で「**マーチンゲール法**」とも言われます。

連敗数	BET金額	総投資	払い戻し	利益
1	100	100	200	100
2	200	300	400	100
3	400	700	800	100
4	800	1500	1600	100
5	1600	3100	3200	100
6	3200	6300	6400	100
7	6400	12700	12800	100
8	12800	25500	25600	100
9	25600	51100	51200	100
10	51200	102300	102400	100
11	102400	204700	204800	100
12	204800	409500	409600	100
13	409600	819100	819200	100
14	819200	1638300	1638400	100
15	1638400	3276700	3276800	100

▲マーチンゲール法

表だけを見れば勝てそうな気がしますよね。でもこれは必勝法でも何でもありません。

資金が無限ならこの戦術は成り立ちますが、どんなに金持ちでも資金は有限です。資金込みの期待値を算出すれば問題点が分かります。

手持ちとして、1000万円あると仮定しましょう。

単勝2倍の馬を倍々に賭けていった場合、16連敗で資金が足りなくなります。17BET目が出来ないので、それまでのマイナスが残る形です。

競馬において単勝2倍の勝率は実践上約40%となります。

16連敗する確率は、以下の通りです。

0・6^16=0・0282%

約3545回に1回出現します。

16連敗した時に失う金額は、６５５万３５００円です。

一方16連敗するまで1回あたりプラス１００円勝ちますから、平均35万４４００円が手に入ります。

16連敗した時点での平均累計投資金額は約２６６３万円、平均累計回収金額は約２０４３万円、回収率は76％となるので期待値的にはマイナスです。

厳密には回収したお金を資金として使えるので、17ＢＥＴ目に行けることもありますが、確率的にあまりに薄いのでそれを考慮しても回収率は変わりません。

それでは仮に「2倍の単勝が50％的中する」場合ならどうなるでしょう。

16連敗する確率は６５５３６分の１となります。

連敗数	BET金額	総投資	払い戻し	利益
1	100	100	200	100
2	200	300	400	100
3	400	700	800	100
4	800	1500	1600	100
5	1600	3100	3200	100
6	3200	6300	6400	100
7	6400	12700	12800	100
8	12800	25500	25600	100
9	25600	51100	51200	100
10	51200	102300	102400	100
11	102400	204700	204800	100
12	204800	409500	409600	100
13	409600	819100	819200	100
14	819200	1638300	1638400	100
15	1638400	3276700	3276800	100
16	3276800	6553500	0	-6553500

▲資金のショートを含めた場合

16連敗した時に失う金額は655万3500円で、16連敗するまでに平均655万3500円プラスとなるので、回収率は丁度100％です。

（16連敗した時点での平均投資が約9830万円・平均回収が約9830万円）


さらに「2倍の単勝が60％的中出来る」場合を計算してみましょう。

16連敗する確率は2328306分の1となります。

その場合の平均回収率は約120％です。

（16連敗した時点での平均投資が約11億2千万円・平均回収が約13億5千万円）


このように、単勝2倍の馬券を50％以上で当てられる予想精度があれば、追い上げ投資法はプラスになります。

しかし、その実力があれば、追い上げ投資法を使わなくても回収率はプラスです。


追い上げ投資法の本質は「勝率を上げる行為」です。

「回収期待値」は一切上がりません。


勝率を100％にするには、無限の資金が必要です。

そのため、現実的には必勝法でも何でもありません。

意味もなく賭け金を上げて、破綻しやすくなる必敗法だと言えます。

このノウハウを未だに高いお金で販売している業者がいますが、絶対に買わないでください。

【1-3】オカルトだと思っていなくても、実はオカルトである予想

最後にオカルト予想についても少し解説しておきます。

「暗号馬券」とか「誕生日馬券」といった予想がオカルトであることは、誰でもわかると思います。

ところが、「逆神予想」はオカルトだと思ってない人が大半です。

例えば、競馬メディアに出てくる人の予想はほとんど当たりません。

参考にしている人は少ないはずです。

その中でも特に当たらない予想家は「逆神様」として崇められます。

「逆神の本命だから買わないでおこう」と考える人もいますが、それは間違いです。

「本当に予想が上手い人がわざと外しているわけでは無い」ので、逆神様の本命馬を敬遠することは、論理的な根拠がない「オカルト予想」だと言えます。

自分自身で論理的に予想した結果、たまたま逆神様と同じ本命になったら「むしろラッキー」だと考えましょう。

何故なら、逆神様の予想を見て「じゃあその馬は買わない」という人はいても、「逆神様が本命打つなら私も買いたい」と考える人はいないからです。

つまりオッズ的には美味しくなります。


ただし、逆神様の予想に惑わされてはいけません。

自分で正しい予想をした結果、彼らの予想と運良く被れば期待値が若干上がるだけです。

そこは間違えないでください。

第2章

スピード指数の本当の使い方

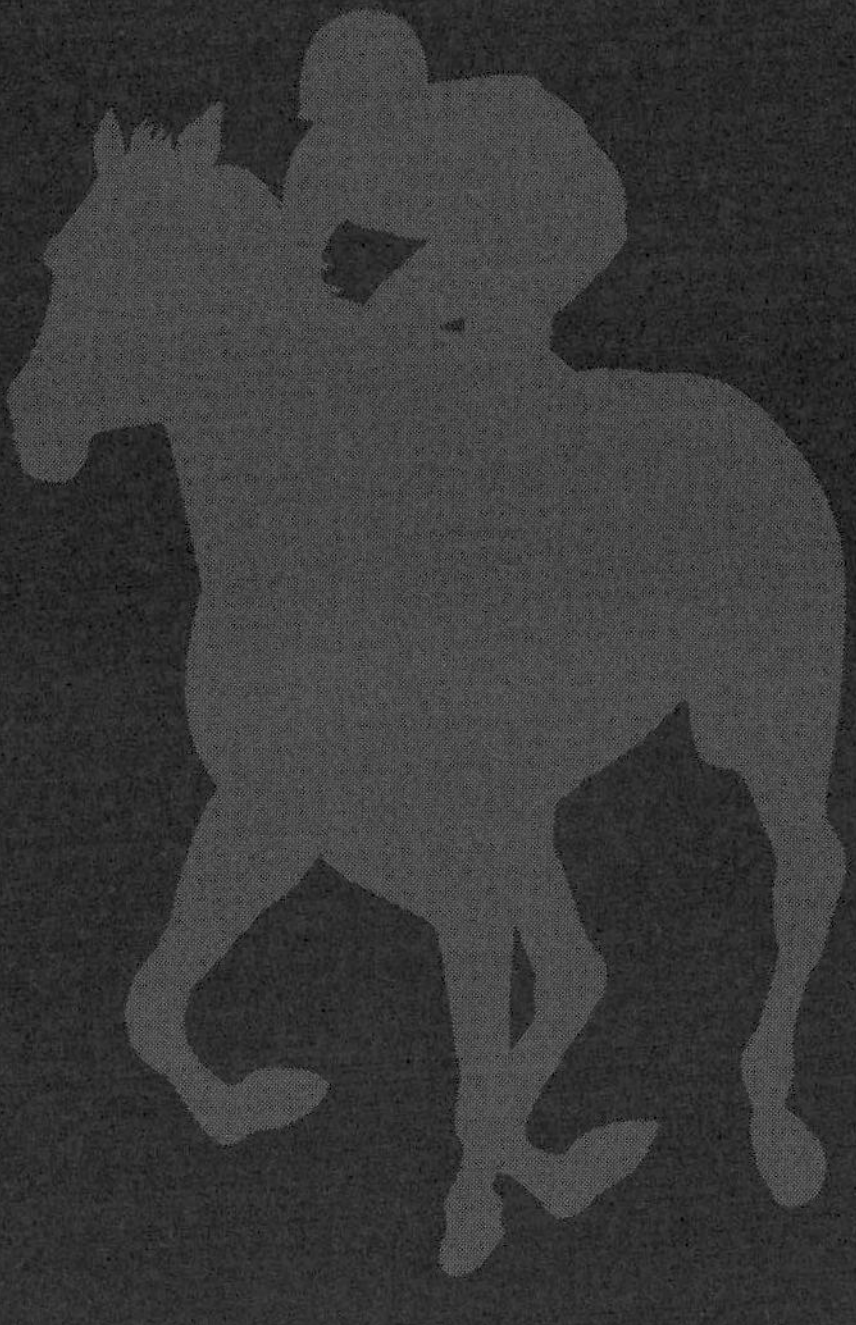

この章では、競走馬の能力を見る「スピード指数」について解説します。

競馬予想において、スピード指数は重要な予想ツールですが、使いこなせている人はごく僅かです。

スピード指数の正しい使い方を知っていれば、回収率を大きく上げることが出来ます。

【2-1】スピード指数の間違った使い方

多くの指数派が『**高い指数を出している馬を本命**』にしていますが、**厳密に言うと正しくありません。**

過去の指数は「**あくまで過去出したもので、今回出る保証が無い**」ことは言うまでもありません。

そのため、再現性の検討が必要となります。

過去の指数を見て、**「どういう条件で指数が高いか」**を見てください。

その条件と今回の条件が似ているなら、高い指数が出やすいです。
低い指数が出たレースと条件が似ているなら、低い指数が出やすいです。

このように「今回のレースで指数を上げるか・下げるか」が重要となります。指数を跳ね上げそうな馬を買いましょう。

指数を跳ね上げる条件としてなどが以下のようなこと挙げられ、この後の章でじっくり解説します。

・コース替わり
・展開が向くかどうか
・馬場状態
・調教などコンディション
・成長

スピード指数は全く同じ条件のレースでも、「展開」や「枠順」や「体調」によってある程度の上下はするものです。

指数がトップから差のない馬は、人気薄だろうがチャンス有りだと判断してください。

逆を言えば、**指数に大きな差があれば、逆転する可能性は低い**です。

指数が低くなる要因として、以下のような要因がありますが、そういった理由も無く指数が安定して低い馬は大抵通用しません。

・レース中の怪我
・不利
・不良馬場

これがスピード指数の基本的な使い方となります。

【2-2】指数が正確でないと意味がない

スピード指数を使う上で大事なのは精度です。

精度の低いスピード指数を見るくらいなら、使わない方がいいと思います。

ただ、どのスピード指数が高精度なのかを判断するのは難しいです。

まず、**同じ馬でどれくらいバラツキがあるか**を見てください。

同じような条件のレースで、数字が大きく上下動する指数は何かしらの問題を抱えているはずです。

そういう観点で評価すると無料の指数でオススメ出来る代物はありません。

あえて一つ挙げるとすれば、**競馬新聞&スピード指数（無料）**というサイト（http://jiro8.sakura.ne.jp/）です。

ただし、補正しないと使い物にならないと思います。

サイトの説明によると、西田式スピード指数をベースに作成しているそうですが、現状に合わせる必要があります。

同じコース、同じ良馬場、同じペースでも、ＪＲＡの馬場メンテナンスによっては走破タイムが2秒くらい違います。

例えば近年高速化された京都では、不当に高い指数が出やすい傾向にあります。

一方で、２０１６年の秋開催の東京は良馬場でも時計がかかる状態だったからか、各馬の残した指数が不当に低くなっています。

そのため、この指数を使う場合、全体の時計の出方を見て補正をしてください。

加えて、ペース補正をする必要もありそうです。スローペースだと指数が出にくくなっています。

自分で補正するのが面倒臭いなら、有料の指数を使いましょう。

有料指数を選ぶに際し、最低限必要な条件は**「算出方法が明示されているかどうか」**です。

例えば僕は**タイムフィルター（http://www.timefilter.com/）**という指数を使っています。

タイムフィルターは、走破時計による能力評価に加えて、以下のようなことをしています。

- **斤量補正**
- **スロー補正**
- **馬場補正**
- **距離損補正**

それ以外の要素は入っていません。

他にも有料指数は沢山ありますが、「調教」「血統」「騎手」のような走破時計とは関係ないファクターを取り入れています。

一般的に理想の指数として扱われるのはそういった**「競馬の全てのファクターを取り入れた指数」**です。

しかし、全てのファクターが網羅された指数が公開された場合、それを見た人が買う馬は一緒となります。

言い換えれば、オッズが下がるだけです。

つまり、指数上位の馬を買うだけで回収率がプラスになるなら、間違いなく表には出てきません。

『色々な要因を取り入れた万能な指数を使っても、他人と同じ結論になるから勝てない』ということを知っておいてください。

とはいえ血統を見ない人なら、血統補正した指数を使うのは構いません。

同じように調教を見ない人なら、調教補正した指数を使うのは構いません。

それが予想する時間の短縮になります。

スピード指数を選ぶ時は、最初に書いた通り『指数の算出方法が明示されているかどうか』が重要です。

僕の場合は、独自で分析する部分が指数に反映されると困るので、シンプルな指数を好みます。

皆様の予想スタイルと指数の算出方法とを照らし合わせて、自分に合ったスピード指数を探してください。

補足として、タイムフィルターの使い方を簡単に紹介しておきます。

タイムフィルターは同じ条件のレースでも「調子」や「枠順」や「展開」でプラス・マイナス5ポイントくらい上下する印象です。

（無料の指数だと振れ幅がもっと大きいです）

10ポイント離れていれば、よほどのことが無いと逆転は難しくなります。

トップの指数から10ポイント以内にいる馬の中で、今回指数を上げそうな馬を買いましょう。

あと価格が安いスピード指数なら、**ネットケイバ（http://www.netkeiba.com/）のベーシックコース（月額250円）**がオススメです。

タイム指数（スピード指数）の他に、もう一つ**「馬場指数」**というものが存在します。

馬場指数は**「時計がかかりやすいかどうか」**を見る数字です。

重いとプラスになり、軽いとマイナスになります。

馬場指数は適正を見るのに使いましょう。

指数がプラスのレースを得意とする馬もいますし、マイナスのレースを得意とする馬もいます。

タイム指数は、おそらく馬場補正した後の数字なので、そのまま使っても大丈夫です。

以上が、市販の指数の紹介でした。

近年はどんどん上がりタイムが速くなり、スロー補正が少しズレてきている印象があります。他にもいい指数が見つかった場合、「追加コンテンツ」のページにてお知らせする予定です。

【2-3】成績と回収率データの弱点

競馬を予想する際、新聞に書かれた数字とにらめっこしている人が大半です。

例えば中山競馬場芝1600メートルの予想をする時には、その馬の「中山競馬場実績」や「芝1600メートル実績」を見ています。

しかし、大半のケースだとサンプル数が少なすぎてアテになりません。

サンプル数が取れる血統毎のデータならまだマシですが、同じ中山芝1600メートルでも日によって馬場状態が異なります。

そこで**回収率を見て判断する**のが効果的です。

注意して欲しいのは**「回収率データ＝期待値」だと考えない**でください。

回収率データというのは、あくまで「過去に起こったことの集計値」です。回収率が高い事象があれば、競馬新聞やネットで紹介されて直ぐに広まり、オッズが下がります。

そうなると偽の期待値に踊らされて、美味しくない馬券を買ってしまうことになるでしょう。

僕がオススメしたい方法は、**スピード指数を見る**ことです。

勝率や回収率とは違った別の評価指標として導入しています。

例えば、中山競馬場芝1600メートルに強い血統は？　と聞かれたらどうでしょう。

多くの人が「回収率が高い血統」をイメージするはずです。

それだけでなく、「中山競馬場芝1600メートル」と「それ以外とのコース」との指数の上下を見ることにより、馬の特徴がより正確にわかります。

もちろん、成績や回収率データを軽視していいわけではありません。

「成績」・「回収率」に加えて、補佐的に「スピード指数の変動」を見ます。

それだけでも他の人に差をつけることが出来ます。

以上がスピード指数の使い方の解説でした。

馬の能力比較に使うだけではなく、「馬の適正の見極め」や「データの評価指標」に使えることを理解してください。

第3章

レースを見返すことが勝利への近道

一般の競馬ファンは、「新聞に書いてある情報」を見て予想をします。

そのため、新聞に書いていない情報を取得すれば、他の人と差を付けることが可能です。

この章では「予想に活かすレースの分析方法」について解説します。

【3-1】競走馬の基礎概念

その前に、**「馬の性能評価ベクトル」**についての確認です。

競馬メディアでは馬の特徴や能力を表すのに、以下のような言葉を使います。

- **スピード**
- **スタミナ**
- **パワー**
- **瞬発力**

でも、実は共通した定義というのがありません。

人によって言葉の意味が違います。

そのため、まずはメタボ教授が考える定義を紹介します。

馬券に直結しない内容ですが、この本で語る内容を理解するのに必要な概念ですからお付き合いください。

僕の場合は**馬を『車やバイクに置き換えて』考えています。**
評価指標は大きく分けて「スピード」「ガソリン」「操作性」の以下の3つです。

●スピード

まずスピード面ですが、2つの要素に分類されます。

・トップスピード「スピードの最高値」
・加速力「トップスピードまで行くのにかかる時間」

言うまでもなく、サンデー系が秀でている分野です。

トップスピードと加速力を合わせて「瞬発力」と表現する人もいますが、分けて考えるべきでしょう。

例えば、同じサンデーサイレンス系でも、スペシャルウィーク産駒はトップスピードこそ優秀ですが、加速力はあまりよくありません。

一方でステイゴールド産駒は加速力が優秀なものの、トップスピードはあまりよくありません。

ディープインパクト産駒は、トップスピード・加速力どちらも優秀です。

そのため重賞で勝ちまくっています。

主要血統のスピード性能については、僕の競馬ブログにある記事をご覧ください。

血統解説

https://keibayosou.metabopro.com/syubobadeta/

血統以外だとレースを見て判断しましょう。

騎手が追い出してスッと加速する馬と、そうでない馬がいます。トップスピードの高い馬は後ろからごぼう抜きできますが、ゴールまでそのスピードを維持出来ない馬もいます。そういうのは映像を見ないとわかりません。

上がりタイムで優劣を考える人もいますが、「コース」・「路面の状態」・「レース展開」によって大きく数字が変わります。

新潟の外回りなら、最後の3Fを33秒台前半で上がるのは珍しくないです。

一方、中山で33秒台前半で上がるのは、一流馬しかできません。

「上がりタイム=トップスピード」という見方も間違いではありませんが、せめてコースと路面状態の補正は必要です。

大半のスピード指数には「上がり指数」というものがあるので、それを参考にするのもいいでしょう。

また、**走り方にも傾向**があります。

基本的には以下の2点です。

〈1〉ピッチ走法……加速力タイプ
〈2〉ストライド走法……トップスピードタイプ

ちなみに路面に対する適性も走法によって変わります。

〈1〉ピッチ走法……荒れ馬場に強い
〈2〉ストライド走法……高速馬場に強い

さらに距離適性は、以下の傾向があります。

〈1〉ピッチ走法……短距離に強い
〈2〉ストライド走法……長距離に強い

このように、走り方一つで馬の適性を把握することも可能です。

他にもムチを入れた時の反応を見て、スピード性能を見ます。ムチを入れて左右にヨレる馬だと余計な距離を走るので、上がりタイムが遅いです。真っ直ぐ走らせる技術も、騎手の実力だと言えます。

パトロールビデオを見て、真っ直ぐ走っているかどうかもチェックしてください。（２０１７年1月14日から全レースのパトロールビデオがネットで視聴可能となっています）

●ガソリン

続いて「ガソリン」について解説します。

ガソリンというのは一般的に使われる「スタミナ」と同意義です。

ガソリンタンクの容量が大きければ大きいほど「ハイペースに強い」というイメージとなります。

その一方で、タンクの容量が大きいと重たくなるので「加速に時間がかかる」という性質もあります。

長距離をこなすには、ガソリンタンクの容量だけではなく、燃費も重要です。

燃費の悪い馬は、いくらスローペースでも長距離に対応できません。

一方で燃費がいい馬は軽自動車みたいなものなので、エンジンの出力が低い（トップスピードが劣る）とも言えます。

このように「タンクの容量」と「燃費」との2側面を見るのが、ガソリン（スタミナ）の定義です。

それではエンジン性能の4分類を見てみましょう。

※タンクの容量大・燃費良好

スタート後からアクセル踏みっぱなしとなる競馬（いわゆるオーバーペース）で力を発揮する馬です。

その半面、加速力もトップスピードも劣ります。

血統で言えば、ダンチヒ系やダンスインザダークがあたるのですが、日本の芝のレースには向かないので近年このタイプの種牡馬が少なくなりました。

※タンクの容量大・燃費悪い

いわゆるアメ車です。

血統でいうと、ハーツクライやマンハッタンカフェが当てはまります。

このタイプはレースの前半が緩めば、長くいい脚を使えるタイプです。

トップスピードは高いですが、加速力が劣るため用意ドンの競馬は向きません。

※タンクの容量小・燃費良好

基本的には短距離向きですが、燃費がいいため長距離もこなせます。

加速力の良さがセールスポイントですが、トップスピードで他馬に負けることも多いです。

血統的には、ダイワメジャー、ステイゴールドがこれに当たります。

※タンクの容量小・燃費悪い

弱い馬とも言えなくはないですが、ガソリン量が問われない競馬なら強いです。短距離戦でハナを切ってガンガン飛ばして、セーフティーリードを築き上げるような走りをします。

血統でいうと、フジキセキやサクラバクシンオーがこれにあたります。

ただし、ディープインパクト産駒はこの枠組みに当てはまりません。

エンジンは高排気量だけど、車体フレームが軽いＦ１マシンみたいな馬です。

血統だけではなく、馬体についても見てみましょう。

スリムであればあるほど燃費は良く、加速力が高くなります。

馬体が大きければ大きいほどエンジン排気量がデカくなり、燃料を消費しますが、トップスピードは高くなります。

ただし、馬体重では判断しないでください。

確かに馬体重が軽い馬はスリムな馬が多いですし、重い馬は重戦車みたいな馬が多いです。

とはいえ、馬体重は馬の背丈の大きさにも左右されます。

近年は馬の巨大化が進み、５００キログラムを超える馬も沢山見かけるようになりました。

その全てが重戦車のような体格をしているわけではなく、体全体が大きいだけで見た目はスリムという馬もいます。

馬体重が500キログラムオーバーだからいって「加速力や燃費が劣っている」とは考えないようにしましょう。

芝の中・長距離レースでの理想の体形は、「馬体が大きくて（馬体重が重くて）スリムな体」となります。

●操作性

競走馬は車と違って、搭乗者（騎手）の思い通りに動きません。

馬によってはアクセルを踏んでも加速しないこともあります。

また、ブレーキを踏んだからといって、必ずしも減速してくれるとは限りません。

パワステが壊れて上手く曲がれないこともあるでしょう。

そういった馬は、レースにおいて不利だと言えます。

操作性の悪い馬を制御するのが、騎手や調教師の腕の見せどころです。

基本的には、レースを沢山経験させると操作性は向上します。

また、ハミなど馬具を変えた時に、向上することもあります。

操作性があまり向上せず、頭打ちの馬もいます。

操作性というのは個体差が大きいので、実際にレースを見て確認するしかありません。

長くなりましたが、以上で前置きにあたる**「競走馬の能力評価」**について解説しました。

これを踏まえてレースの見方を解説していきます。

【3-2】レースの展開は大きく分けて3つ

まず競馬の古典的格言である、以下の2点は忘れてください。

・スローペースは逃げ先行馬が有利
・ハイペースは差し追い込み馬が有利

現代競馬では間違いです。
レースの展開は、大きく分けて3つあります。

・スピードが問われたレース
・スタミナが問われたレース
・位置取りが問われたレース

ここからは3つのレースタイプについて解説します。

●スピードが問われたレース

スローペースで起こりやすい事象です。
上がりの脚比べとなります。
馬が全力疾走出来るのは、おおむね600メートル～800メートルです。
直線が短いと、4コーナーからの加速力が重要になります。
また、直線で坂があるコースも加速力が必要です。

一方で直線が長くて平坦なコースは、トップスピード比べになりやすい傾向があります。

スローペースは、ガソリンが余るレースです。

4コーナーは、外を通って加速をつけたり、馬場のいい所を通った馬が有利となります。

（例）天皇賞秋２０１６（ＪＲＡ公式動画）
https://youtu.be/qUX-BeXAi5c

エイシンヒカリがスローで逃げて、上がり比べとなったこのレース。

馬場は外が有利でした。そのため、外を回してなおかつトップスピードの高い馬が上位を独占します。

この場合、内を回した馬・トップスピードが劣る馬は「力を出しきれなかった」と判断しましょう。

『次走の巻き返しに注目する馬』となるわけです。

●スタミナが問われたレース

ガソリン残量比べとなり、スピードは不要です。

基本的には内の最短距離を通ってきた馬が有利となります。

（例）ジャパンカップ2014（JRA公式動画）
https://youtu.be/k_eEBOke0R4

雨が絡んでガソリン消費量が激しい馬場となりました。


サトノシュレンやタマモベストプレイがハイペースで逃げるも、その後ろで折り合っていたエピファネイアが押し切ります。

また、ガソリン量が豊富なジャスタウェイやスピルバーグが上位に入りました。

ジャスタウェイは最後外に出していますが、道中はずっと内で脚を溜めています。

スピルバーグも、距離ロスが無いように上手くコーナーを回っています。

一方で、距離ロスが無かったにもかかわらず、ジェンティルドンナはガソリン切れを起こして最後止まりました。

ジェンティルドンナはこのようなレースは苦手です。

しかし、1ヶ月後の有馬記念は一転してスピードが問われたレースとなり、エピファネイアやジャスタウェイを抑えて勝利しました。

このように、展開が変わると着順は大きく変わります。

ただし、前半がハイペースでも、バックストレートから3コーナーでペースが緩めばガソリン量比べとはならないです。

逆にスローでも残り1000メートルあたりからペースが速くなれば、残り200メートルでガソリン切れを起こします。

そのため、**一概に「前半がハイペース＝ガソリン比べ」だとは言えません。**

●位置取りが問われたレース

差し馬が上がり32秒台の鬼脚を出して届かなかった場合、「道中の位置取りが後ろ過ぎた」ことが敗因となります。

逆に全馬がバテて、後ろでポツンと追走していた馬が来れば「オーバーペースだった」という見解になります。

また、極端な内伸び馬場・外伸び馬場になると、通った位置によって勝敗が決まります。こういったケースはスピードもスタミナも関係ありません。「位置取りが問われたレース」として分類します。

（例）ヴィクトリアマイル２０１５（ＪＲＡ公式動画）
https://youtu.be/sIZIAKILTYU

ミナレットが最初の１０００メートルを56・９秒というラップで飛ばしたものの、勝ちタイムが1分31秒台が出るような非常に軽い馬場でした。

後続が道中ゆっくり走りすぎた結果、前が残る形となります。

32秒台で上がった馬もいましたが、全然届いていません。

こういう場合、「後ろから行った馬は力を出しきれなかった」と判断します。

逆に、追い込みが綺麗に決まったレースを見てみましょう。

チャンピオンズカップ２０１５（ＪＲＡ公式動画）
https://youtu.be/uuPVs9ubBaQ

1番人気のコパノリッキーに、他馬が次々競りかける競馬となりました。

最後の直線を向いて坂を上るあたりで先行馬は完全に止まってしまい、後ろにいた馬が届いてしまいます。

この場合は後ろの馬が恵まれた形です。

2016年のチャンピオンズカップも同じようにハイペースとなり、追い込み馬が上位を独占しましたが、2017年は一転してスローペースとなりました。

その結果、コパノリッキーは4度目の挑戦で初めて馬券になったわけです。

●判定方法

レースの勝敗を分ける要因として「スピード」「スタミナ」「位置取り」の3種類を紹介しましたが、この3つの分類はレースラップと動画で判断します。

JRAのホームページにある出馬表からリンクを辿れば閲覧可能です。

スピードが問われたレースは、おおむねどこかでペースがガクンと落ちます。

そこで前と後ろとの差が詰まることが多いです。

4コーナーで団子状態となり、馬群が横長になります。

一方スタミナが問われたレースは最後に失速します。

全馬の上がり3Fが遅いです。

ラスト1000メートル〜800メートルでペースが上がって、残り200メートルで失速するケースもあります。

ただし、公式のラップタイムは全て「先頭の馬の通過タイム」です。

1頭だけ大逃げして、他の馬は離れた後ろでレースをした場合、後ろの馬のレースラップは異なります。

それと**「公式発表タイムはＪＲＡ職員の手計測」**という点も知っておいてください。

スタートから5メートルとゴール板、残り600メートルと800メートルは計測器を使っていますが、それ以外の区間は目視で計測しています。

レース映像と公式ラップタイムとを比べてみると、明らかにズレていることも珍しくありません。

そのため、**ラップタイムを分析するだけではなく、レース動画を見るようにしましょう。**

位置取りが問われたレースは縦長の馬群となります。

特定の位置取りを走っていた馬が上位を独占したら、それは「位置取りが問われたレース」

です。


レースVTRを見る際には、ついでに「馬場の内外差」も確認してください。

同じ日に行われたレースを全て見れば、何処を通った馬が有利だったかおおむねわかります。

●現代競馬のレース展開

最初に、以下の2つの言葉を『古典的格言』と書きました。
・スローペースは逃げ先行馬が有利
・ハイペースは差し追い込み馬が有利
この格言は、縦長の馬群のみ当てはまる事象です。

しかし、近年の競馬は縦長になるケースが少なくなりました。

これは、レース体系が整備されたのが原因です。

昔は短距離路線が整備されてなかったので、短距離馬が中・長距離のレースに出て大逃げを打つことが多くありました。

縦長のレースが、今より沢山あったのです。


全馬が密集して走ることが多くなった現代競馬では、以下のようになります。

・スローペースはスピードが高い馬が有利
・ハイペースはガソリン量が多い馬が有利

脚質はそこまで重要ではありません。

以上が、現代競馬におけるレース展開の解説でした。

【3-3】同じ着差でも評価は大きく異なる

ここではレースでの「着差」について詳しく解説します。

一般的には、着差が大きければ大きいほど「実力差が大きい」という認識です。

ただし、以下のレースの3分類により『着差の価値』が異なります。

- **スピードが問われたレース**
- **ガソリンが問われたレース**
- **位置取りが問われたレース**

「スピードが問われたレース」は、基本的に着差がつきにくいです。

同じ位置取りで競馬をしたなら3馬身の差は決定的な能力差と言っていいでしょう。

一方「**ガソリン量が問われたレース」は着差が付きやすい**です。

5馬身離して勝ったとしても、次のレースで展開が変われば、同じ馬にあっさり負けてしまいます。

「位置取りが問われたレース」は**馬の能力が反映されないレース**です。

そのため、着差に意味はありません。

同じ位置を走っていた馬同士の比較はできますが、離れた位置を走っていた馬との着差は気にしないでください。

このように**同じ着差でも、レースの展開によって評価を変えるべき**です。

ここで少しだけスピード指数の話に戻ります。

スピード指数は3種類のレース分類の内**「スピードが問われたレース」「ガソリン量が問われたレース」には対応**しています。

しかし、「位置取りが問われたレース」の補正をしている指数を見たことがありません。

そのため、位置取りが問われたレースでの指数はあまり参考にしないでください。

【3-4】局面別に見るべきポイント

最後にレースの評価について、スタートからゴールまでの局面別にポイントをまとめました。

●スタート

スタートで見るべきポイントは「出遅れた馬」です。

出遅れるとその分だけ不利となります。

競馬新聞にも出遅れの表記があるので「前回出遅れたので今回は狙い目」と考える人が多いです。

しかし、同じ出遅れでも内容によっては狙い目とならないので注意してください。

出遅れの原因は、3つに分類可能です。

1、馬が出ようとしない場合
2、騎手がわざと出遅れた場合
3、馬にスピードがない場合

1、馬が出ようとしない場合

気性的な問題です。

出遅れの大半はゲート内で暴れたり、よそ見した瞬間に開くパターンとなります。

そういった馬はゲートが後入れになる「偶数番」や「大外枠」の方が結果を残すタイプです。

このパターンの出遅れはおおむね能力を出しきってないので、次走に狙うことを検討してください。

2、騎手がわざと出遅れた場合

出遅れても騎手が焦っていません。

基本的には折り合いをつけるためにわざとやっています。

見分け方としては「ゲートが開いた時の馬の姿勢」を見てください。

騎手が手綱を引くので、馬の頭が上を向き、立ち上がるような姿となります。


逆にゲートから出していこうとしたのに失敗する場合は馬の頭が下に向く形となります。

前のめりでバランスを崩したり、躓いたりするからです。

その違いを知っておいてください。


騎手がわざと出遅れた場合、それで結果が残れば次も同じような戦法になりやすいです。

結果が残らなければ、また戦法を変えて来るかもしれません。

わざと出遅れた馬は、必ずしも次走狙い目にはならないので注意してください。

3、馬にスピードがない場合

ゲートの反応は普通であるものの、加速力やトップスピードが劣るために置かれてしまう馬もいます。

次走が同じ条件であれば、当然同じことを繰り返す可能性が高いです。

しかし、距離を延長すれば変わるかもしれません。

このように同じ出遅れでも3つのパターンに分けて評価すれば、次走の取捨選択が解りやすくなります。

●道中で見るべきポイント

次に、道中で見るべきポイントを解説します。

道中は折り合いが何より重要です。

ここで燃費走行して、ガソリンをキープしておかないと最後まで持ちません。

▲正常な折り合い

折り合った状態だと騎手の腕はほぼ真下を向いています。馬が行きたがるのを抑える場合は手綱を引っ張るため、腕が直角に曲がっています。

▲折り合いを欠く

この場合はそこまで大きなロスとはなりませんが、更に暴走すると体重を後ろにかけてブレーキを踏む形となります

▲ブレーキをかけた状態
ブレーキを踏んでしまうとガソリンのロスが大きいです。

正常な折り合いかどうかは、騎手の腕を見て判断しましょう。

●下り坂はゆっくり走るのが基本

道中に下り坂があるコースでは重心のかけ方がポイントとなります。

下り坂は、普通に走ってもスピードが出やすいですが、ここで絶対にアクセルを開けてはいけません。

下り坂区間を全力で走ってしまうと、前脚へのダメージが大きくなるからです。

特に京都の外回りは残り800メートル〜600メートルが下り坂区間のため、ここでの乗り方で大きな差がつきます。

例えば、春の天皇賞ではオルフェーヴルやキズナが下り坂の影響で惨敗しました。

残り１０００メートルからスパートするような馬は、春天だと人気を裏切りやすいです。

それゆえロングスパートタイプというのは、３コーナー坂の頂上までに差を詰めておかないといけません。

京都の外回りにおける教科書的な乗り方といえば、ゴールドシップの３年目の春天（２０１５）です。

過去2回の春天では、下り坂を意識して乗らなかったので惨敗しました。

しかし、この年は正しく乗ったので勝ちました。

天皇賞春２０１５：1枠1番（ＪＲＡ公式動画）
https://youtu.be/221TEhXPutA

ゴールドシップは切れる脚が無いため、早い段階でポジションを押し上げないといけません。

横山典弘騎手は、スタートから手綱を押してポジションを取りに行きました。

しかし、馬が全く反応せず最後尾からの追走となります。

そこで1周目のホームストレートで馬を外に出しました。

横山典弘騎手は「馬の気に任せて走らす」のをモットーとしています。

外に出すことにより、スタンドの歓声を聞かせて、「ゴール前だ」と馬に勘違いさせて前との差を詰めようとしました。

これは、彼の得意戦術です。

馬群と離すことによって併せ馬の形にならず、「ポジションを押し上げた後の折り合いがつきやすい」というメリットもあります。

しかし、ゴールドシップは全く動きません。

そこで最後の手段を使います。

2周目バックストレートからムチを入れてポジションを押し上げました。

そのまま先頭に行くかと思いきや、一旦止まったのは下り坂区間に入ったからです。

残り600メートルから再度ムチを入れて、前を抜き去り1着でした。

一見デタラメのように見える騎乗ですが、ゴールドシップのような加速力が無い馬にとってはこれが正解となります。

勝つにはこの戦法しかありませんでした。

ちなみに2着のフェイムゲームもバックストレートでムチを入れて、下り坂区間で手綱を引いています。

一方でキズナは、下り坂区間で動いたために最後止まりました。

武豊騎手の騎乗ミスです。

キズナのように下り坂区間で動いた馬は「次走狙い目」だと判断しましょう。

（キズナは結局このレースで引退してしまいましたが）


同じく勝負どころで下り坂なのが、**新潟競馬場外回り**です。

残り1000メートル～600メートルまでが、下り坂となります。

最後の直線まで動かない騎乗が理想です。

そのため、最後方待機の馬は、トップスピードが高くても案外届きません。


あと中京競馬場も、残り1000メートル～400メートルまでが下り坂です。

芝は内外差が大きい日もあるので差しも届きますが、ダートは差し馬が残り400メートルまで仕掛けを我慢しても全然届きません。

基本的には逃げ馬が有利となります。


以上のように、**レースVTRを見返す場合は、下り坂も意識するように**しましょう。

●最後の直線

最後の直線の攻防では、力を出しきれない馬が沢山でてきます。
「力を出しきれない」というのも、細かく分類することが可能です。

大きく分けて3種類あります。

（1）前が詰まったり、不利を受けたケース
（2）馬が走る気を無くしたケース
（3）騎手が走らせる気を無くしたケース

まず「**（1）前が詰まったり、不利を受けたケース**」を解説します。

馬群に閉じ込められたまま何もできなかった馬は、全力を出し切っていません。
斜行で他の馬に邪魔された時も同様です。

前が詰まった時の評価は**「騎手が手綱を持ったままで前が開くのを待っている状態」と「騎手が手綱を引いてブレーキをかけた状態」**とでは、**後者の方が不利が大きい**と言えます。

また、「スピードが問われたレース」と「スタミナが問われたレース」とでは分けて考えるべきです。

馬群が開くのを待っている間は燃費走行状態となります。

そのため、**スタミナが問われたレースだと、前が開ければそこから伸びることも多い**です。

一方で、**スピードが問われたレースだと、閉じ込められた時間が純粋なタイムロスとなります**。

馬群を抜け出しても、そこから巻き返すのは難しいです。

そのため、**「スローの上がり比べの方が詰まった時の不利は大きい」**と考えてください。

あと細かな話ですが、前方に馬がいると離れていてもムチに反応しません。

例えば、２０１５年有馬記念のラブリーデイを見てみましょう。

４コーナーで内からポジションを上げていますが、前に居るキタサンブラック、マリアライト、ゴールドアクターが横並びで走っています。
抜け出すスペースがありません。

有馬記念２０１５：２枠４番（ＪＲＡ公式動画）
https://youtu.be/amJSXX68ljE

そういう状況でムチを打っても馬は自制します。
馬に「前との間隔を詰めろ」と伝えるのは難しいです。
そのため、騎手がムチを打っていても脚を余している可能性があります。
以上が、詰まった時の評価の仕方でした。

ただ、近年は前走に不利を受けた馬が、過大評価される印象です。

昔と違って、レース動画がネットで簡単に見られるようになったからだと思います。

そうは言っても、2走前～3走前まで見ない人（覚えてない人）が大半です。

過去のレースをしっかり分析すれば、美味しい馬券は取れます。


次は**「（2）馬が走る気を無くしたケース」**です。

馬だけではなく人間もそうですが、「心がポッキリ折れる」ことがあります。

逃げ馬だと、1頭交わされた瞬間に走る気を失うケースが多いです。

差し馬だと、横並びの併せ馬状態で走っていた馬に突き放されると、走る気を失います。

そういう時は必要以上に大敗するので、着差をあまり気にしないでください。

最後は**「（3）騎手が走らせる気を無くしたケース」**です。

近年は、レース中に手を抜く騎手が出てきました。

具体的に名前を挙げると、横山典弘騎手とデムーロ騎手です。

横山典弘騎手は、ゲートを出たときからレースを放棄することもあります。

デムーロ騎手だとそこまで露骨なことはしませんが、ゴール手前で追わないのが目立つ騎手です。

もちろん馬は力を出し切ってないので、次走以降に注目しましょう。

●メンバー

VTRを確認する時には、相手にも注目してください。

具体的には**「どんな馬にどれだけ離されたか」**を確認しましょう。

特に、有料のスピード指数を見ない人は、必要な作業となります。

ほとんどの人は「レースの格」と「勝ち馬との着差」でその馬の能力を判断しているのが現状です。

ところが、同じレースでも年によってメンバーレベルが大きく異なります。

レースの格というのは案外アテになりません。

ピンとこないかもしれませんが、過去のレース結果をいろいろと調べてみてください。

G2でも弱い馬が集まったレースがありますし、1600メートルクラスでも強豪が集まったレースもあります。

レースの格が低くても、強いメンバー相手に好レースをしているなら、その馬の評価を上げましょう。

逆に、**レースの格が高くても相手が弱ければ評価を下げ**ましょう。

以上のことを頭に入れてレース分析すると、馬の特性がよくわかるはずです。

第４章

回収率がＵＰする馬場の見方

レース当日になってみないと解らない要因として、馬場状態の変化が挙げられます。
変化する様々な条件があり、競馬の勝敗を分ける要因です。

- **天候が変わる**
- **レースを使うと状態が変わる**
- **JRAのメンテナンスによって変わる**

【4-1】「開幕週は内有利」といった古い考えは捨てよう

競馬ファンに、次のような問題を出したとします。

「東京競馬場の芝1600メートルは、どんな馬を買えば儲かるのでしょうか？」

皆様ならどう回答するでしょうか？
例えば、以下のような答えが返ってくると思います。

・血統派なら「サンデー系を買っておけば間違いない」
・指数派なら「芝1400～2000で高い指数を出している馬」
・調教派なら「坂路で追い切られて、残り1Fの区間タイムが速かった馬」

どれも間違いではないのですが、不十分な回答です。

一口に東京芝1600メートルと言っても、馬場状態によって好走する馬がガラリと変わります。

まず、一般的な馬場の認識だと、以下のように考えている人が多いです。

・開幕週は馬場が綺麗なので内枠有利
・最終週は内が荒れて外枠有利

ただ、**近年はＪＲＡのメンテナンス方法が変わり、上記の認識が正しいとは限りません。**

まず最初に、馬場分類（芝コース）について解説します。

1、内有利馬場

外より内の方が走りやすい状態です。

正月開催の京都が有名ですが、近年は若干調整されている印象があります。

内有利馬場が頻出するのは「開催最終週にG1がある」ケースです。

JRAが良い馬場でG1を行おうと念入りに手入れした結果、内だけ伸びる馬場になります。

例：ジャパンカップ2015（JRA公式動画）
https://youtu.be/gvRwAeIbJaE

このレースの一つ前の1600万下のレースで、大外枠の馬に乗ったムーア騎手がわざと出遅れて最後尾から競馬を進めました。

そして内から差し切って1着です。

勝った馬は後に重賞でも活躍するネオリアリズムなので「強かっただけ」とも取れますが、ムーア騎手がこういうあからさまな乗り方をするくらい、この日は「内有利」の馬場でした。

ムーア騎手はジャパンカップでも同じように最内にこだわり、ラストインパクトを2着に持ってきます。

一方実力があるサウンズオブアースやミッキークイーンは外を走った結果、負けました。

どちらも次走はしっかり巻き返して、馬券になっています。

このように**「最終週は内が極端に有利」というケースが近年出てきたので、何でもかんでも「最終週は外差し」と考えないようにし**てください。

あと、**最終週に内有利馬場となった場合は時計が速い傾向**があります。そうなるとガソリンを消費しにくい馬場状態です。

2017年の皐月賞が、いい例だと思います。

皐月賞が行われる春の中山最終週も、近年は高速馬場となる傾向です。

スローペースではありませんでしたが、マイル路線を使ってきた馬が上位を独占しました。

こういった高速馬場では、「距離が持たなさそう」という理由で評価を下げないようにしましょう。

2、ノーマル馬場

内外差が特に無い状態です。

馬場を気にする必要はありません。

基本的には、**道中距離ロスの無い「内を通った馬」の方が有利**です。

3、スローペース外有利・ハイペース内有利馬場

芝コースは、レースを使えば使うほど芝が剥げて、路面がデコボコになります。

この部分を通るとスピードが出ません。

スローペースだと4コーナーからのスピード比べとなるので、路面がデコボコした内側を走る馬は不利です。

逆に**ハイペースのガソリン残量勝負なら、距離損が無い内側を通った馬が有利**となります。

4、外差し馬場

外の方が走りやすい馬場です。
差し馬や外枠の馬を狙うのがセオリーとなります。

ただし、最終週に外差し馬場となるケースは近年減少傾向です。

最近は「開幕週が外有利馬場」という珍しい現象を見るようになりました。
おそらく、開催前に行われる芝コースのメンテナンスが、内側と外側とで違っているからだと思います。

開幕週特有の現象ですので、必ず馬場状況をチェックしてから馬券を購入しましょう。

5、大外ブン回し馬場

内がかなり荒れてくると、全馬が外を走ろうとします。

こうなると外差し競馬にはなりません。

何故なら馬群全体が「外へ外へ」行くからです。

外から差そうとしても前の馬が外へ外へ膨れるので、なかなか前がクリアになりません。

馬場が良い所をいち早く取れる逃げ・先行馬が圧倒的有利です。

内にいる差し馬にもチャンスがありますが、外から差して来る馬はノーチャンスとなります。

近年は、少しでも馬場が悪くなると騎手が外を通ろうとするので、「外差しが決まるケース」よりも「逃げ先行馬は外に出して押し切るケース」の方が多くなりました。


2017年オークスが良い例です。

先行したソウルスターリングは4コーナーで外へ出しました。

それにより、外を走っていたリスグラシューやアドマイヤミヤビは厳しくなります。

一方モズカッチャンは内から外へ上手く出して2着です。

ちなみにディアドラも内から差して来ましたが、馬場の悪い内ラチ沿いを走っています。

後から考えるとこれらの馬の能力差は僅かであり、ライン取りの差で勝敗が決したレースでした。

2018年のオークスも先行したリリーノーブルの川田騎手が、ソウルスターリングと同じようなライン取りをします。

こうなると外から差すのは難しいです。

最終的にはアーモンドアイが勝ったものの、もし桜花賞のように後ろから競馬をしていたら届かなかったでしょう。

馬場の内側が悪くなった際、こういうレースが近年増えています。

以上が馬場の分類です。

JRAの馬場造園課は「内外差無し」の馬場を目指しているようですが、かえって内外差が生じています。

「開幕週は外有利」「最終週は内有利」といった一般常識とは逆の状態になることがあるので注意してください。

【4-2】雨降り馬場の攻略

上記の馬場状態は、あくまで良馬場の話です。
雨が絡んだ時は別の話となります。
雨が降ると、馬場状態が猫の目のように変わるので、注意が必要です。
JRAの公式馬場発表は、以下の4種類です。

- **良**
- **稍重**
- **重**
- **不良**

JRAは「路面の含水率を測定して」馬場状態を発表していますが、**実際に測定するのは早朝の1回だけ**です。

それ以外は職員の目分量で発表されます。

つまり、同じ稍重発表でも日によって大きく状態が違うのです。

雨降り時に馬券を取りたいなら、レースを見て馬場の状態を細かくチェックする必要があります。


芝の移り変わりは、以下のように分けて考えてください。

1、降り始めから稍重発表にかけて

雨を気にしなくても大丈夫です。

芝というのは吸水性が高く、そう簡単に路面が緩くなることはありません。

むしろ雨対応の馬券を買って、自滅しないように気をつけましょう。

2、芝が掘れる状態

開催が進んで「芝が掘れている」状態で雨が降ると、その部分だけ急速に路面が緩くなります。

芝が生えてない分だけ、吸水性がなくなるわけです。

そのため、芝が生え揃っている外を通る馬が有利となります。

かと言って差し馬天国になるわけでもありません。

雨が降ると「トップスピードが殺される」状態になるからです。

後方でいくら脚を溜めても速い上がりは出せないので、前を走る馬に届きません。

3、ドロンコ馬場

さらに、雨が降ると時計がかかるようになります。

こうなるとガソリン量が問われる競馬になりやすいです。

路面適性よりもガソリン残量が問われるので、いわゆる「雨に弱い」と言われる血統の好走もあります。

ガソリンが切れた馬から脱落していく競馬なので、脚質はそこまで気にしなくてもいいです。

騎手は芝が生えている外を通ろうとしますが、それは同時に距離ロスにもつながります。

そのため、コーナーだけ内をカットする走法も有効です。

天皇賞（秋）２０１７（ＪＲＡ公式動画）
https://youtu.be/JoPiSS5VJWg

馬場は外が走りやすいわけですが、枠は内有利だと言えます。

4、乾いて行く途中

雨が止むと馬場が乾いていきます。

芝が掘れて無くなった部分や短く刈られた部分の方が、早く乾きやすいです。

逆に芝が生え揃っていると土の部分まで風を通さないので、乾きにくくなります。

また、**完全に乾かないとトップスピードが出にくい状況**です。

ゆえに、**芝が掘れている部分（内側）を通った逃げ先行馬が有利**となります。

季節によっては、２～３日水分が残るので注意が必要です。良馬場発表まで戻っても完全には乾いていません。

時計面や内伸び・外伸びをきちんと確認してから馬券を買いましょう。

このように同じ「稍重」「重」でも、雨が降っている段階と乾いている段階とでは伸びる場所が異なることがあります。

そのため、雨降り時は「重馬場に強い馬は○○」といったデータ的なアプローチではなく、レースを見てどこが伸びるかをチェックしてください。


続きまして、**ダート**です。


基本的には**雨が降れば降るほど脚抜きがよくなり、タイムが早く**なります。

雨絡みのダートは、芝のレースと同じように感じますが、実際は微妙に違います。

ダートの砂圧が薄かった時代は、雨が降ると芝血統の台頭が見られました。

しかし、今現在は**雨が降ったからといって、芝血統が有利となることはない**です。

雨絡みでもトップスピードが出にくい馬場となっています。脚を溜めたからといって切れるわけではありません。

また、ダートは前にいる馬が圧倒的に有利です。

泥の跳ね上げが大きく、後ろの馬は前の馬が付けた足跡の上を走らないといけないという不利もあります。

そのため、ダートの差し馬を買って、高回収率を狙うのは難しいと考えてください。

現状のダート競馬は馬場云々ではなく「前に行ける馬」を探すことが勝利への近道となっています。

新聞の馬柱の通過順位に頼るのではなく、レース動画を見て逃げそうな馬を探しましょう。

【4-3】季節によっても馬場が異なる

昔は「野芝に強い馬」・「洋芝に強い馬」という分類がありました。

日本古来の芝だと冬に枯れて茶色になってしまいます。

そこで、ヨーロッパの品種を植えて、冬でも緑色の芝コースで開催できるようにしたのです。芝の品種が季節によって異なるため、夏と冬とでは時計の出方が大きく違いました。

今もその傾向は若干残っていますが、**品種改良により夏と冬とで大きな差はありません。芝の刈り方によっては冬でも好時計が出ます。**

それゆえ昔ほど季節を気にしなくてもよくなりました。

ただ、夏場や冬場に体調を崩す馬の多さは、今も昔も変わりません。この時期の競馬は、必ずパドックや馬体重のチェックをしてください。

あとダートは冬場（12月・1月）に凍結防止剤を撒くことがあります。凍結防止剤を撒くと時計がかかり、スタミナ比べになりやすいです。昔はスタミナ血統を狙えば穴馬券が取れましたが、近年はスタミナ血統の馬なんていないので、狙いにくくなっています。

この季節だけは「ダートの路面が異なる」というくらいの認識でＯＫです。

以上が馬場についての解説でした。

当日の馬場傾向を見て馬券を買っている人は、まだまだ少ないです。美味しい馬券が取りたいなら、必ずチェックしましょう。

第5章　展開を読むコツとは

展開はレース結果を左右する重要なファクターです。
しかし、展開の予想は難しいと思います。
馬の特性、騎手の思惑、コース形状など様々な要素が絡み合うからです。
この部分がブラックボックスだからこそ、競馬はギャンブルとして成り立っています。
とはいえ、「展開は運次第」と割りきってしまえば、それ以上の進歩はありません。
この章では、**展開の読み方**について自分がやっている方法を紹介します。

【5-1】展開の軸となる馬の見分け方

一般的には「競馬の展開は逃げ馬が作る」と考えられていますが、厳密に言えば正しくはありません。

正しくは**「騎手の意識が集中する馬」**です。

騎手は前の馬を見てレースを進めますが、必ずしも逃げ馬をマークするわけではありません。目の前を走る人気馬を目標にすることの方が多いです。

そのため、**「前にいる〝人気馬〟がペースを作る」と考えた方が展開は読みやすくなり**ます。

展開の軸となる馬を見つけたら、その馬の過去のレースを見て、「どのようなペースを作っているか」を確認しましょう。

●騎手も重要

騎手は、レース中に色々と考えながら乗っています。

当たり前の話ですが、レース中「1000メートル通過が◯◯秒」といったラップタイムは解りません。

基本的には体感でペースを判断しています。

(例外として長距離レースなら1周目スタンド前で、ターフビジョンを見てタイムを確認することが可能です)

新人騎手や短期免許で来た外人騎手は、とりあえずベテランジョッキーのペースを参考にします。

武豊騎手の全盛期は、みんな武豊騎手を見て競馬をしていました。

その結果、武豊騎手ばかり勝つ競馬となります。

この当時、サンデーサイレンス産駒が猛威を振るっていましたが、気性が悪い馬ばかりでした。

そこで武豊騎手は、最後尾で折り合いをつけて脚を溜める競馬をします。

他の騎手は武豊騎手のペースに併せてしまい、結果的にスローの上がり比べが多くなりました。

いい馬が全て武豊騎手に集まっていた時代です。

武豊騎手が乗る馬は高いトップスピードを持った馬ばかりだったので、最後尾からでも差し切ることが出来ました。

ところが、サンデーサイレンスが亡くなって状況が一変します。

折り合いの付く馬が多くなったのです。

無理矢理下げて最後尾で折り合いを付けなくても、33秒台の末脚が出るようになりました。

そのため、最後尾からでは届かないレースが多くなります。

武豊騎手が、一時期全く勝てなくなった原因です。

「折り合いが付くなら逃げればいい」わけですが、そう簡単な話でもありません。

何故なら逃げ馬は「位置取りが問われたレース」で好走しやすい脚質なので。

例えば、位置取りだけで決まった典型的なレースとして、以下が挙げられます。

エリザベス女王杯2009（JRA公式動画）
https://youtu.be/icSdqfNubp4

武豊騎手（ミクロコスモス）や安藤勝己騎手（ブエナビスタ）が最後尾に構えたので、他の騎手は後ろに意識が集中したところ、逃げ馬がそのまま残りました。

もし、仮に逃げていたテイエムプリキュアやクイーンスプマンテに武豊騎手が乗っていたら、他の馬もある程度ついていったでしょう。

ゆえに、逃げ切ってなかったと思います。

このように、武豊騎手が逃げ馬・先行馬に乗ると他の騎手も付いてきてしまいます。

例えば近年のキタサンブラックの、後ろから突っつかれてオーバーペースとなった例です。

宝塚記念２０１６（ＪＲＡ公式動画）
https://youtu.be/jNBoF2eKa9l

一方でエイシンヒカリは、以下のレースではスローに落とすことができたものの、後ろはしっかりついてきたため、切れ味のある差し馬に負けてしまいます。

秋の天皇賞２０１６（ＪＲＡ公式動画）
https://youtu.be/qUX-BeXAi5c

このため、余程強くないと武豊騎手で逃げ切るのは不可能です。

もちろん、海外に行けばマークされないので、以下のレースのようにセーフティリードを築けることもあります。

香港カップ２０１５
https://youtu.be/j8ndvAXoM9o

２０１６年の春天で、キタサンブラックで逃げ切りＧ１勝利を収めましたが、それまで武豊騎手が中央のＧ１で逃げ切ったことは、一度もありませんでした。

それくらい珍しいことです。

キタサンブラックは、その後もG1戦線で結果を残し続けます。これは武豊騎手の工夫がありました。

具体的には、「前半がスローであっても、上がり比べにならないよう、ロングスパートをかけている」点です。

逃げ馬でロングスパートが出来る馬なんてほとんどいないので、キタサンブラックは特別だったと言えます。

特にコーナー区間でスパートすると、その効果は絶大です。

キタサンブラックは内々を進んでいるのに、差し馬は外を回す必要があります。

（キタサンブラックの近辺の馬は垂れてくるので、内が詰まります）

ライバル馬は外を回した分だけスタミナが消費されますし、ラチ沿いでスパートしているキタサンブラックとの差が詰まりません。

２０１７年ジャパンカップのシュヴァルグランのように、内を立ち回らないとキタサンブラック攻略は難しいです。

ちなみに、２０１７年宝塚記念でキタサンブラック飛んだ理由は、状態面もあったでしょうが、「レース中のライン取り」にも問題がありました。

宝塚記念2017
https://youtu.be/IPb-p1BvHZs

外枠で外伸び馬場だったので、キタサンブラックはこのレースだけ他の馬より外々を回しています。いつも通りロングスパートのスタミナ比べとなりましたが、コーナー部分で外を回ったため、逆に自分が苦しくなりました。

こういったイレギュラーな敗戦もありましたが、キタサンブラックの特性を最大限に活かした武豊騎手の騎乗は見事だったと思います。

ただ近年は、武豊騎手だけがベテラン騎手ではなくなりました。

デムーロ騎手やルメール騎手も見た目は若いですが、初来日からすでに15年以上経っています。

地方出身ジョッキーもいますし、何でもかんでも武豊騎手中心でレースが動く時代ではありません。

今後は有力ジョッキーが集中するレースだとしても、騎手で展開を予想するのは難しいと思います。

以上が「展開における騎手の重要性」でした。

馬だけではなく「誰が乗っているか」も、展開を左右するファクターであることを理解しておきましょう。

【5-2】逃げ馬を当てる方法

逃げる馬を100%当てることができれば、競馬は簡単に勝つことが可能です。

有名な話、レースで1コーナーを先頭で回った馬の回収率は100%を遥かに超えます。

（表1参照）

単勝回収率が198%、複勝回収率が140%と驚異的な数字です。

でも、あくまで「逃げた馬を買い続けた」時の数字であって、何が逃げる

	着別度数	勝率	連対率	複勝率	単勝回収率	複勝回収率
1番手	2877-1959-1462-10377/16675	17.3%	29.0%	37.8%	192	138
2番手	2659-2541-1974-14594/21768	12.2%	23.9%	33.0%	128	113
3番手	1926-2077-1897-14425/20325	9.5%	19.7%	29.0%	82	88
4番手以下	9155-10035-11284-151073/181547	5.0%	10.6%	16.8%	54	61

＜表1＞1コーナーで先頭を走った馬の成績

かわかれば苦労しません。

現実には前走で逃げた馬を買い続けても、回収率は80％未満です。（表2参照）

前走1コーナー通過が1番手でも、2番手でも3番手でも、次走の成績は変わりません。人気にならない分だけ「前走3番手の馬の方が回収率が高い」結果となっています。

前走の通過順だけを見て、逃げ馬を当てようとするのはヤメてください。

それでは、逃げ馬の推測ポイントについて確認しましょう。

逃げ争いというのは「ゲートからのダッシュ力（加速力）」と「その後のトップスピード比べ」で決まります。

これはアナログで評価するしかありません。

ゲートからのダッシュ力（加速力）というのは、スタートから2完歩目まで

	着別度数	勝率	連対率	複勝率	単勝回収率	複勝回収率
1番手	1564-1385-1188-12541/16678	9.4%	17.7%	24.8%	74	71
2番手	1961-1828-1699-15705/21193	9.3%	17.9%	25.9%	74	78
3番手	1857-1730-1645-14631/19863	9.3%	18.1%	26.3%	85	80
4番手以下	10283-10761-11171-134904/167119	6.2%	12.6%	19.3%	71	73

＜表２＞前走１コーナーで先頭だった馬の成績

の動きです。上手い馬と下手な馬とでは結構な差がつきます。

ここで他馬をリード出来る馬は「ゲートからのダッシュ力がある馬」として扱ってください。

その後のハナ争いはトップスピード比べとなります。

ここで問題となるのは逃げ争いをした場合、以下のどちらが有利か？　という点です。

（どちらの馬も全力でハナを取りに行くと仮定）

1、加速力はあるけどトップスピードが劣る逃げ馬

2、トップスピードはあるけど加速力が劣る逃げ馬

基本的にはトップスピードの高い馬の方が有利ですが、枠順にも大きく左右されます。

トップスピードタイプの逃げ馬が内枠を引くと他の馬に外から被される危険性があります。

そのため、外枠の方が安心です。

　加速力タイプの逃げ馬はどの枠でも包まれないですが、トップスピードタイプの逃げ馬との位置関係がポイントとなります。（図1）

　ゲートを出た直後だと1の馬が前にいますが、その後2の馬がハナを奪いに行きます。

　こうなると併せ馬の形となり、オーバーペースになりやすいです。（図2）

　内に切れ込む距離ロスで、外にいる騎手が諦めてくれる可能性があります。

　また、2の馬がハナに行ったとしても内外離れた状態なので、併せ馬の形になりません。

　そのため、折り合いがつきやすく、スローになりやすいです。

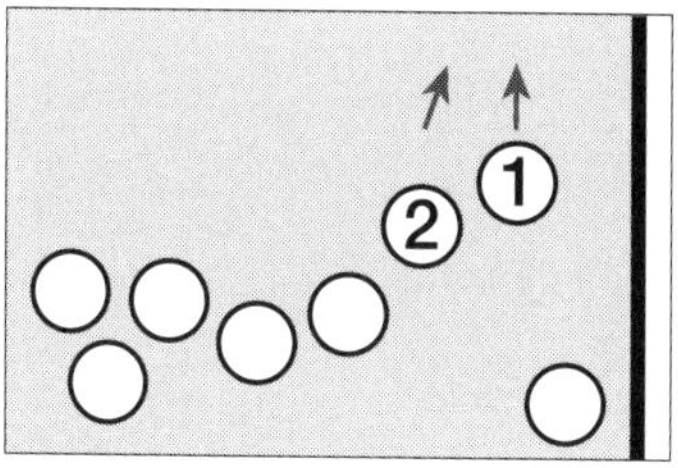

▲図1＜1のタイプ＞（加速力）の直ぐ外に2のタイプ（トップスピード）がいる場合

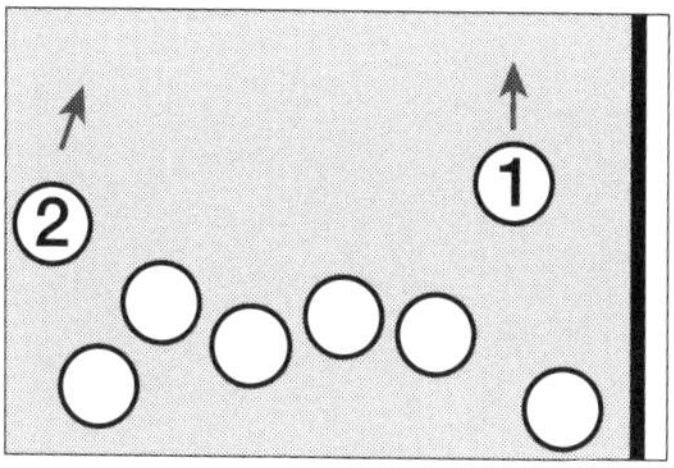

▲図2＜2のタイプ＞（トップスピード）が大外にいる場合

では、枠が逆だった場合はどうなるでしょう。（図3）

この場合は判断が難しいです。

1の馬がスタート直後に2の馬の前に出て蓋をしてしまえば、そこでハナ争いが決着します。

蓋をした後は、1の馬がブレーキをかけてスローに落とすことが可能です。

しかし、前に出て蓋が出来ないと今度は併せ馬の形となります。（図4）

基本的には2の馬がハナを切れるのですが、少しでもゲートの出が悪いと他の馬に被される可能性もあります。

いずれにせよ流れが落ち着きやすいです。

以上が逃げ馬のタイプと枠順の関係でした。

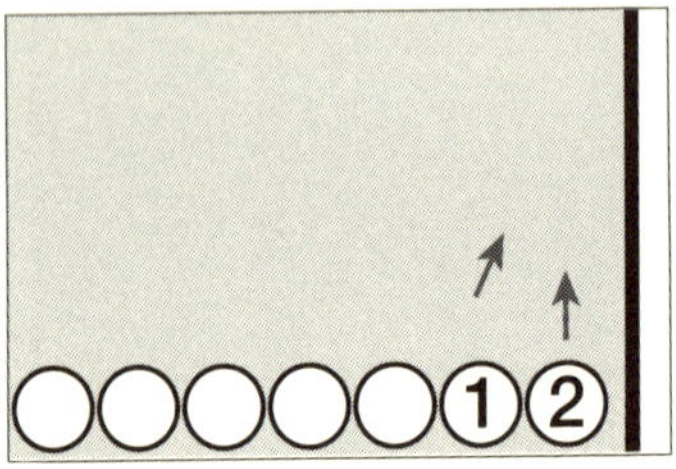

▲図3＜2のタイプ＞（トップスピード）の直ぐ外に1のタイプ（加速力）がいる場合

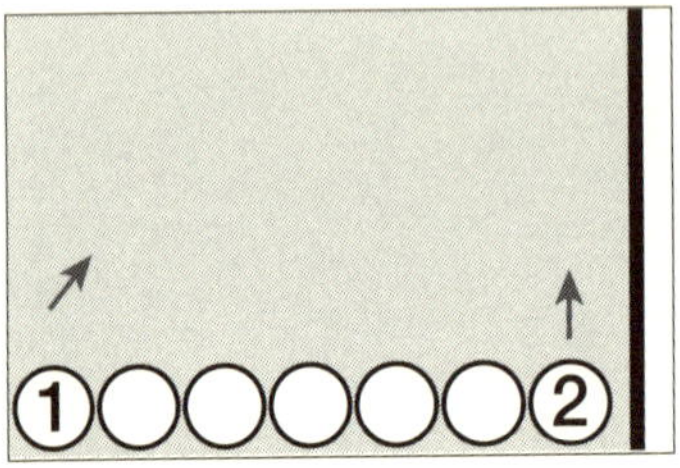

▲図4＜1のタイプ＞（加速力）が大外にいる場合

あと逃げ争いは騎手が「どれだけ逃げる気なのか」も重要です。出ムチを使うと「引く気は一切ナシ」の意志表示となります。馬のスピードが少々遅くても、他の騎手が察してハナに行けることが多いです。

過去のレースを見て、そういった要因も加味しながら、どの馬が逃げるかを考えてください。

【5-3】逃げ馬が逃げないケースの見抜き方

前走まで逃げていたのに、今回突然逃げないというケースは珍しくありません。

陣営の腹次第なのでその予測は難しいですが、3パターンに分類可能です。

・前走惨敗した時

・騎手が乗り替わった時

・距離が変わった時

好走して次のレースも同じような条件なら、戦法を変える必要はありません。

一方惨敗が続いている時は、戦法を変えてくることもあるでしょう。

また、「戦法を変えたいから騎手を変える」というケースも多いです。

例えば、若手騎手からデムーロ騎手に乗り替わるのは、「デムーロ騎手の方が上手いから」という理由になりますが、岩田康誠騎手から武豊騎手に変わった場合はどうでしょうか。

岩田騎手は、位置取りにこだわるタイプです。

武豊騎手は、折り合いを重視するタイプです。

岩田騎手から武豊騎手にスイッチした場合は「後ろからでもいいので脚を溜める競馬をしてみたい」という見方も出来ます。

あと、横典騎手みたいに「とりあえず前任者と違う競馬やっておこう」と考える騎手もいます。

乗り替わりの理由はいろいろあるので、全て当てはまるわけではありませんが、**乗り替わった時には注意が必要**です。

前走と同じ騎手なのに違う戦術を取るケースは見抜きにくいですが、調教を変えてくるパターンもあります。

逃げ馬が調教で僚馬の後ろで我慢させる走りをしたり、最初の1Fをゆっくり入る追い切りをしたら、レースでは抑える競馬をしやすいです。

逆に差し馬が最初の1F目から飛ばす調教に変えたら、先行する可能性があります。

あと**前走からの距離延長と距離短縮時は注目**しましょう。

距離延長の場合、陣営は「スタミナが足りないかも?」と考えることが多く、テンをゆっくり走ろうとします。

特に「今回走る距離に実績が無い」場合はそう考える可能性が高い、と考えてください。

（例）1200メートル→1400メートルへの距離延長で、1400メートルの実績が無い場合

さらに、細かく見ると2つのパターンに分類出来ます。

1、前走短距離でスンナリ先行していた場合
2、前走短距離でゲートから激しく追ったり、出ムチを入れていた場合

1の場合、距離延長でスタミナ不安があると、ゲートから手綱を引くことが多いです。スタート時に少しでも手綱を引こうものなら、ポジションを大きく下げる結果となります。そのため、逃げ・先行馬だったのに今回は後ろから行くケースが多いです。

2の場合、距離延長時は何もせず普通にゲートを出します。手綱を引いてブレーキをかけないので、相手によっては逃げることも可能です。アクセルもブレーキも使わずに、理想的なペースで逃げられると好走しやすくなります。

つまり、**距離延長で買いたいのは、前走でゲートから激しく追ったり出ムチを入れている馬**です。

一方、**距離短縮時は「スタートや道中で手綱を引いてブレーキをかけている馬」が狙い目**となります。短い距離だと道中が速く流れるので、ブレーキをかけなくてもよくなるからです。

【5-4】有力騎手の思考ロジックを解説

最後に有力騎手の乗り方について解説します。
展開を読む際に役立ててください。

●武豊騎手

競馬界のレジェンドであり大正義ですが、近年は馬を追う力が流石に衰えて来ました。
しかし、豊富な経験からまだまだやれています。

先ほども書きましたように、ペース判断の目安となりやすい騎手です。
位置取りに恵まれて勝つことは、ほとんどありません。

武豊騎手の秀でているところは、各馬の分析力です。
彼のお手馬だけではなく、ライバル馬までしっかり分析しています。

例えば「馬群の何処が開くか」を判断するのが上手いです。

ただし、他の騎手と比べると強引さが無いので、ドン詰まる確率は外人や地方ジョッキーと変わりません。

基本的には折り合いを重視しますが、折り合いが良く操作性が高い馬は「ライバル馬に打ち勝つための位置取りや仕掛けのタイミング」を意識して乗ります。

あと、武豊騎手など昔のジョッキーの考え方として、「最内は逃げ馬が通るもの」という暗黙の了解があります。

昔のレースは短距離馬が中距離のレースに出て、大逃げを打ってバテることが多かったです。

バテて下がってきた馬と勝負どころで加速する馬とでは、大きなスピード差が発生します。前の馬が急失速して下がって来ると、事故の元となり非常に危険です。

そのため「逃げ馬は最内を走り、他の馬は1頭分外を走ることにより、レースの安全を確保する」という考え方がマナーとして残っています。

滅多なことでは、逃げ馬の内を差すことがありません。

武豊騎手の場合は最内枠を引くと一旦下げて外に出すか、思い切って前に行くかのどちらかを選択します。

また外伸び馬場でも同様の理由から、逃げ馬を外へ外へ寄せていく事は滅多にしません。

武豊騎手をはじめベテランジョッキーには、「最内は逃げ馬が通る場所」という考えがあることを知っておいてください。

●福永祐一騎手

近年は騎乗フォームの改良により、ＪＲＡ競馬学校卒業生の中ではトップにいる騎手だと思います。

外人騎手や地方出身ジョッキーから福永騎手に乗り替わった結果、着順を上げるということも珍しくありません。

福永騎手に変わって人気が落ちる分、回収率が上がります。

折り合い重視の騎手ですが、スタートが安定しているのも評価出来る点です。

スタートで出遅れることが少ないため、スプリント戦や内枠を得意としています。


ただ、逃げるのはあまり好まないようです。

逃げ馬なのに逃げないことも多く見かけます。そのため逃げ馬に乗った時の成績や回収率はよくありません。


あと下り坂の乗り方を理解している数少ない騎手です。

京都外回り、新潟外回り、中京競馬場を得意としています。


ただ、京都の外回りの場合は例外ケースがあるので注意してください。

福永騎手は「京都の外回りは4コーナーで馬群がバラけやすい」ということを理解しています。

そのため、内でじっと我慢することが多いです。

ところがスローの上がり比べだとその判断が致命傷になります。

京都の外回りだと、4コーナーを回って追い出した時点で残り400メートルを切っているわけです。

差し馬が4コーナーを回って加速しても、手遅れとなります。

そのため、京都外回りで加速力やトップスピードが劣る馬に乗った場合は、届かないケースが多いです。

馬群突破については強引さが無いので、前が詰まるケースもよくあります。

垂れてくる馬を見極めながら乗っていますが、やはり武豊騎手の方が上手いです。

●ミルコ・デムーロ騎手

馬場状態に合わせた騎乗を心がけている騎手です。

前残り馬場なら前に行きますし、外有利馬場なら4コーナーで上手く外に出します。

そのため、位置取りで結果が大きく左右される雨降り時の芝が得意です。

距離延長時は折り合いをつけるために、わざと出遅れることがあるので注意してください。

ただ出遅れが駄目というわけではないです。芝だと出遅れても、最後に物凄い足で伸びてきて差し切ることもあります。

デムーロ騎手における最大の長所は馬上で追う動作やムチの入れ方がスピーディーである点です。余計なモーションは無く、フォームがコンパクトにまとまっています。ピッチ走法の馬だと動作が追いついてない騎手も多くいる中、デムーロ騎手はしっかりタイミングが取れている印象です。そのため、デムーロ騎手はスローの上がり比べが得意だと言えます。

また、最後の直線で馬が横にヨレても修正するのが早いです。真っ直ぐ走らせることにより、実質的なトップスピードは上がります。

スローの上がり比べは本来着差が付きにくいレースなのですが、デムーロ追いのアドバンテージにより1着になることが多いので、馬単や3連単を買う時は少し意識しておきましょう。

相対的に厳しい流れになりやすいダートは苦手です。

スタートでミスることもあるので、砂を被るダートだと致命傷となります。

同様の理由で短距離戦よりも長距離戦の方を得意としています。

あと、レースを途中で諦めることが多い騎手です。

ひどい時は、4コーナー手前からレースを諦めています。

馬の実力は出し切ってないので、着順や着差が悪いからといって騙されないでください。

デムーロ騎手が乗って惨敗しているレースは、必ずVTRを見て確認するようにしましょう。

それだけでも穴馬券のヒントになります。

●戸崎圭太騎手

内田騎手が怪我により調子を落として以降、関東のトップに君臨しているのが戸崎騎手です。

関東のJRAジョッキーはトップが20年前とほとんど変わってないという異常事態が続いています。

若手が伸びないのかチャンスが回ってこないのかよくわかりませんが、戸崎騎手は堅実に勝ち星を伸ばしました。

ただ、リーディングの常連ではありますが、有力騎手が集まる競馬場を避けて勝ち星を稼いでいる側面もあり、一番上手いジョッキーとは言えません。

騎乗スタイルは内にこだわる傾向があります。

それは悪いことではありませんが、若駒戦だとマイナス方向に作用する方が多いです。

若駒は馬群突破の経験が無く、芝だとスローの上がり比べが多いため、外からスピードのある馬に差されてしまいます。

ダートだと砂を被って力を出しきれない馬が多いです。

以前だとネットでは「平場の戸詐欺」と言われていました。実際のところは平場が苦手なのではなく、若駒戦が苦手なだけです。古馬混合だと平場でも成績は見劣りません。

ただ直近のデータ（2017年以降）を見ると傾向が一変しました。

重賞は全く駄目ですが、平場の数字が良くなっています。若駒の数字も悪くないです。

年々ノーザンファームの馬に乗る比率が上がっていることに、原因があると思います。平場だと安全に外を回しても勝てる馬に乗る数が増えたので、そういった騎乗が増えました。

しかし、重賞だとノーザンファームのいい馬は外人ジョッキーに回るので、その乗り方は通用しません。

もともと戦術的に奇を狙う騎手ではないので、展開が読みやすい騎手でもあります。

そういった点を頭に入れて、馬券を買ってください。

●クリストフ・ルメール騎手

デムーロ騎手とは違って、馬場の傾向には鈍感です。

そのため、馬場の悪い所を通って負けるレースもたまに見かけます。

一方で、ルメール騎手のいい所は「馬の特徴をよく理解して騎乗している」点です。内枠の成績がいいですが、馬群突破が無理そうな若駒は先行させたり早めに外へ出したりします。

そこが、戸崎騎手との違いです。

一方で操作性がいい馬なら、内から無理やり馬群をこじ開ける騎乗もします。

あと、折り合いをつけるのが上手いです。

これも、馬の特徴を十分予習して乗っているからだと思います。

デムーロ騎手みたいに、わざと出遅れなくても折り合うことが可能です。

ただ、わざとは出遅れませんが、スタート技術がかなり下手なのでナチュラルに出遅れます。

1200メートルのレースでは、軽視して構いません。

逆に距離延長をした時には、折り合いが上手いので好走しやすいです。

その場合は、積極的に買いましょう。

●岩田康誠騎手

近年、成績が大幅に下降しています。

社台系のいい馬が回ってこないのが原因です。

不振で悩んでいるからか、消極的な騎乗が目立つようになりました。

消極的に乗っても強い馬なら問題ありませんが、力を足りない馬を「どうにかする」という意欲が見られません。

岩田騎手といえば強引な最内突破ですが、1枠を引くとそのイメージが強いからか必要以上に売れます。

1枠での回収率は低いので買うのはオススメしません。

ここ最近の騎乗を見る限り、枠順に関係なくイマイチです。

ただ、馬場の変化には敏感なので、雨降り時や荒れ馬場ならプラス評価をしても構いません。

また、気性が荒い馬を乗るのを得意としています。

とはいえ、主流血統であるディープインパクト産駒は気性がいいので、岩田騎手が復活する日はあるのでしょうか。

●横山典弘騎手

前走とは違う競馬をする率が高く、馬券を買う側からすれば読みにくい騎手です。

展開を読む時には注意してください。

それとデムーロ騎手と同じく、レースを途中で投げ出すことがあります。

ひどい時には、ゲートが開いた瞬間に諦める騎手です。

ネットでは通称「ヤラズ」と言われますが、どのようなタイミングで発動するかは僕もよくわかりません。それが判れば馬券攻略が出来ますが、彼の頭の中で決めることなので難しいです。

近年は追う力も衰えたので、積極的に買いたい騎手ではなくなりました。
ただ、相変わらず馬質はいいので、重賞戦線で無視できない騎手です。
「取捨選択が分からなければ押さえる」くらいの付き合い方でいいと思います。

●川田将雅騎手

追う時のモーションや位置取りなど、岩田騎手を模範としている印象です。
あの追い方は、バテた馬や動かない馬には有効だと言われています。

川田騎手は、これまで松田博資厩舎の馬を中心に乗ってきました。

2016年2月に定年解散した後は池江泰寿厩舎、中内田厩舎、藤原英昭厩舎など栗東の主力所とのパイプが太くなっています。

そのため、松田博資調教師引退前と引退後では、データ的に変わってきている印象です。馬質が良くなったからか、回収率が大幅に上がっています。

川田騎手は「馬の特性を理解した騎乗ができていない」「ライバルの馬の研究が不十分で、

馬群の何処が開くのか、の予測が下手」「坂の下り方も理解してない」ので、トップジョッキーからは1枚落ちるのが個人的評価です。

しかし、結果が残ってきている以上、見直す時期が近いのかもしれません。

福永騎手も瀬戸口調教師や北橋調教師が引退後に劇的な変化をして、現在の地位を築きました。川田騎手も同じように成長して外人騎手に引けを取らないトップジョッキーになる可能性はあります。

●北村宏司騎手

関東では有力ジョッキーの高齢化が進み、競馬学校出身の騎手なら密かに関東ナンバー1の地位を築きつつあるのが北村騎手です。

ペース判断と仕掛けのタイミングが上手く、ディープインパクト産駒を得意としています。(ブラックタイド産駒でも好結果を残しています)

ただ、最内枠は馬群に包まれるので、北村騎手の持ち味であるペース判断や仕掛けのタイミングが活きません。そのため外枠の方が結果を残しています。

あと下り坂がある京都の外回りだとサンプル数が少ないものの、おそらく一番上手い騎手です。差し馬ならきちんとバックストレートでポジションを押し上げますし、下り坂では動きません。

京都の外回りは的場騎手（現調教師）の時代から何故か関東ジョッキーの方が上手いです。

蛯名騎手も京都の外回りをよく理解して乗っていますが、近年高齢化による衰えが目立っています。

そのため競馬学校出身の関東ナンバー1の座は蛯名騎手から北村騎手に移り変わった印象です。

●田辺裕信騎手

関東で評価が高いジョッキーの1人といえば、田辺騎手でしょう。

思い切りのいいジョッキーです。

ガンガン先行して押し切ることもありますし、最後尾で脚を溜めてドカンということもあります。

単なる穴騎手というわけではなく、人気馬に乗ってもしっかり結果を残しているのが凄いところです。

しかし、「思い切りがいいだけ」の騎乗も目立ちます。

自分の馬の特徴やライバル馬の特徴を理解して駆け引きを覚えれば、更に成績が良くなるはずです。

回収率が高い騎手なので、馬券はなるべく押さえるようにしましょう。

●松山弘平騎手

厳しい流れを作りやすい騎手として要注目なのが、松山騎手です。

バテることを恐れない騎乗をします。

ある程度人気している逃げ・先行馬に乗っているなら厳しい流れになりやすいと考えましょう。

ただし、松山騎手は社台系の強い馬に縁が無く、何でもかんでも先行して押し切るわけではありません。

特に重賞だといい馬が全く回ってこないので、逃げても他の騎手には相手にされず、勝手に垂れるだけの空気扱いです。

また、外伸び馬場や下り坂対応など課題点は沢山あります。

とは言ってもまだ若いので、これからの成長に期待しましょう。

社台系の強い馬が回ってくるようになれば、重賞でも穴を出すジョッキーになるはずです。

と電子書籍版では解説しましたが、その後皐月賞でG1を勝ちました。

2018年も絶好調なので、馬質は間違いなく上がってくると思います。

●ライアン・ムーア騎手

現在JRAに短期免許で来日する中では、最強の騎手だと思います。

「ムーアが騎乗すると、他の騎手より5馬身違う」とまでは言いませんが、弱点がありません。

馬場状態の変化に非常に敏感ですし、下り坂の対応も理解して乗っています。

ただ、近年は過剰人気となるケースが多く、買い時が難しいです。

雨絡みや内外差の激しい状態など、特殊馬場ではムーア騎手の優位性が際立ちます。

そういう時は、馬の能力や適性を多少無視してでもムーア騎手の馬券を買っても構いません。

それ以外のケースはムーア騎手だからといって、何でもかんでも買うのはヤメた方がいいです。

【5-5】競馬の八百長について

デムーロ騎手や横典騎手の話が出たので、競馬の八百長についても解説します。

他の公営競技と違って、馬が走るため八百長は難しいように思えますが、実は結構簡単です。

1番人気の馬を凡走させて、他の出走馬の馬券を全通り買うだけでOKです。

単勝3倍以下の1番人気馬が飛んだ場合、2番人気以下の馬券を全通り購入すれば、理論上はプラスとなります。

競走馬は少しでも調整ミスをすると全く走りません。

レース前に水を飲ますだけでも、ほぼアウトです。

つまり、厩務員1人だけでも八百長は可能となります。

沢山の人が八百長に関わるとバレるリスクが高まるため、1人でできるこの手法が一番現実的です。

ただし、JRAでは賞金の5％が厩務員に支払われます。

このシステムにより、リスクを背負ってまでわざと負ける厩務員がいるとは思えません。

でも、海外では騎手があからさまな八百長騎乗をして追放になったケースもありますし、日本でも昔から金沢競馬は怪しいと言われています。

待遇が悪い環境だと八百長をする可能性が高まると考えましょう。

僕は「八百長の可能性」を考慮して、地方競馬は交流重賞しかやらない派です。

実際、近年だけでも園田競馬とばんえい競馬において、厩務員が馬券を買って逮捕されています。

怪しいものには近づかないのが、ギャンブルで勝ち続ける鉄則です。

ちなみ騎手の場合、馬券に絡みそうならゴール前でしっかり追わないと罰則があります。（油断騎乗）

競馬場にはカメラが沢山あるので、手を抜くのは不可能です。

しかし、横山典弘騎手やミルコ・デムーロ騎手を見てもわかるように、早い段階でレースを諦めればペナルティはありません。

彼らが八百長をしているとは到底思えないですが、ああいった騎乗を認めてしまうと八百長の温床となります。

馬券圏外が確定すれば、追うのをヤメてもいいと思いますが、競馬は残り200メートルで前を走る馬が失速するケースが多々あるわけです。

乗った馬の手応えが怪しいからといって早々に諦めるのは、競馬法の観点から認められるべき騎乗ではありません。

ちなみに八百長だと騒がれるのは、締め切り直前に人気薄の馬がドカっと売れて、人気馬が飛んだケースです。

ＪＲＡの場合、そういった怪しいレースはあまり報告されません。

しかし、全体の販売額が大きいだけに八百長があっても気がつかない可能性もあります。どの馬にどれだけの金額が入ったか、確認できるようになったので、八百長をやるなら小分けにして買うはずです。

もし気になるようでしたら、「1番人気時によく飛ぶ馬主や騎手や厩舎」をチェックして、なるべく買わないようにしてください。

第6章

調教・パドックで馬の調子を見る

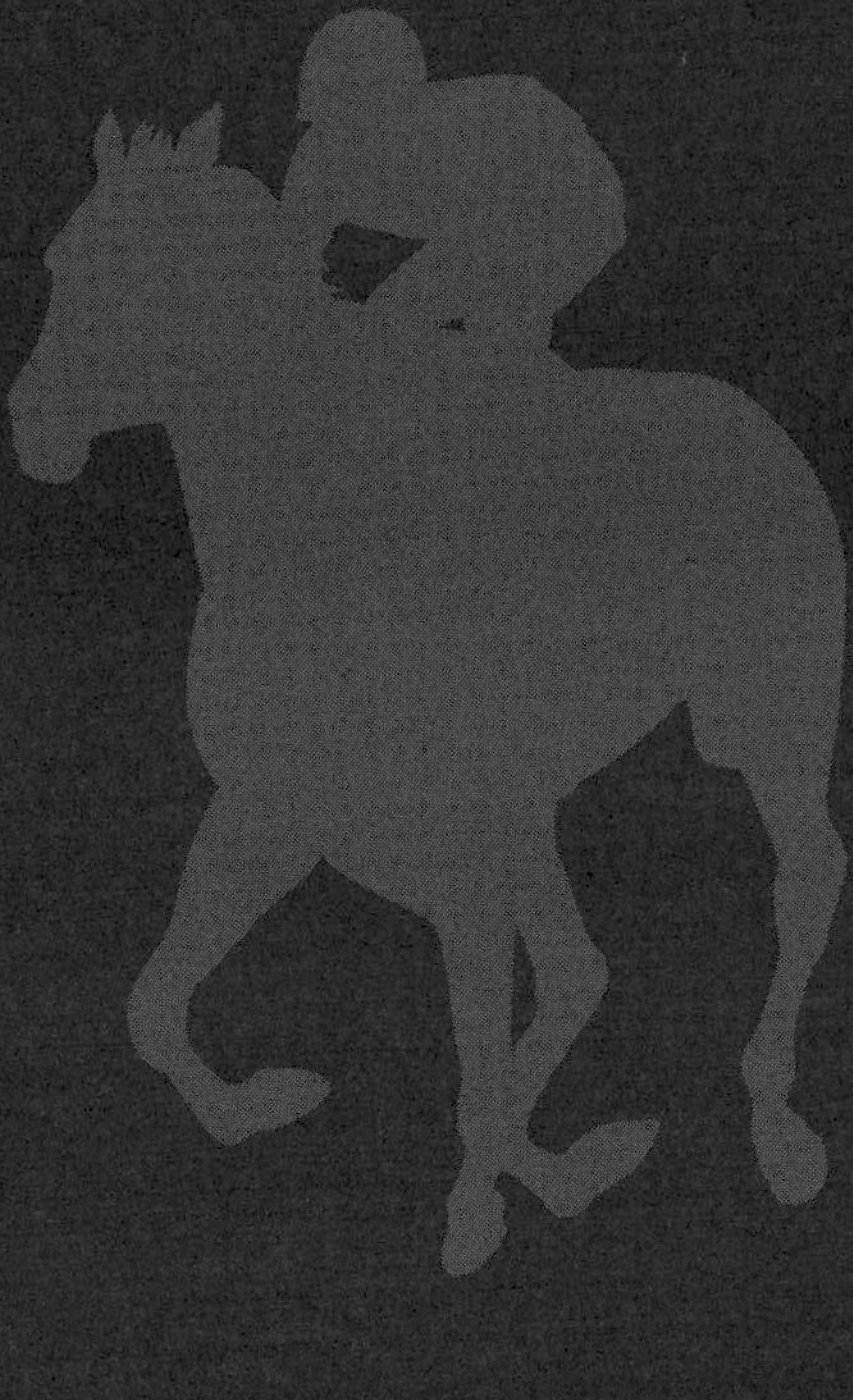

この章では馬の調子の見方について解説します。

馬の調子はレースの勝敗を左右する大きなファクターです。

調子を見るのは、調教とパドックの2種類の方法が存在します。

【6-1】調教は中途半端にかじるくらいなら見ない方がマシ

調教で予想をする専門家は、「追い切り時計の良し悪し」だけでは判断していません。

何故なら、**「追い切り日に速い時計を出すことが必ずしも正しいとはいえない」**からです。

調教で速い時計を出すと全力で走った反動で体調を崩す馬もいます。

気合が乗りすぎて興奮状態になり、競馬場への輸送が上手くいかない馬もいます。

そのため、牝馬は1週間前の段階で速い追い切り時計を出して、レース前の調教は軽くするケースも多いです。

また、速い時計を出さなくても乗り込む回数多くしたり、走る距離を長くして調教量をカバーする馬もいます。

基本的には、追い切り時計を見るだけでは駄目です。

今回のレースに至るまでの全ての調教タイムを把握して、「過去の好走時と比較」するのが調教の正しい見方となります。

ただ、僕は予想をするのに調教タイムをほとんど参考にしません。

理由は、タイムの信頼性です。

トラックの調教は、手作業で測定しています。

公式に出てくる数字はおおむね競馬ブックの記者が測定したタイムなのですが、他紙と比べて1秒以上違うことも珍しくありません。

「どの専門誌が正確か」というのは誰にもわからないです。

それに加えて「コーナーで内を通るか外を通るか」でもタイムが大幅に変わります。

また、路面の状態も均一ではありません。

調教馬場開放直後に走った馬と終了間際で走った馬とでは、タイムが大きく異なります。

あと50キログラム少々の現役騎手が乗るのと60キログラム以上ある助手や調教師が乗るのとでは馬の動きやタイムが異なるのは当然です。

さらに、最近はゴール板を過ぎても追っている厩舎があります。

上記の要因を全て補正できるなら調教タイムを重視してもいいですが、そこまでできないならタイムは気にしなくて構いません。

【6-2】厩舎の考えを推測する

次に、厩舎コメントの見方について解説します。

大前提として、以下のように考えてください。

「レースを使うなら、100%の状態に仕上げるのが当たり前」

調教師や助手の「調子がいい」と言ったコメントは一切無視しましょう。

馬主の手前、みんなポジティブな発言をしますから。

マイナス要因があるかどうかを探すのが、調教コメントの正しい見方となります。

例えば「○○だけど状態はいい」というような言い回しの時が要注意です。

この○○という部分が調教過程のアクシデントを示唆したりします。

何かしらのアクシデント（軽い怪我や病気）があると調教を休むことが多いです。

毎週時計を出している馬が、急に1週だけ時計を出してない場合は怪しいと考えてください。

中間にトラブルがあった馬は、評価を大きく下げることをオススメします。

ただし、トラブルから2ヶ月空いていれば、全く問題ありません。

それだけの期間があれば、じっくり立て直すことが可能だからです。

あと重賞限定ですが、厩舎コメントを簡単に収集出来るサイトを紹介します。

【スポーツナビ競馬】　(https://keiba.yahoo.co.jp/)

レースの「直前情報」というタブをクリックすると各馬のコメントを見ることが可能です。

スマホ版では直前情報のタブが無いのでＰＣ版ページで閲覧するようにしてください。


コメント以外にも注目する要素があります。

それは併せ馬をする相手です。


前走より格下の相手と併せていたら要注意となります。

調教師が「調子が良くない」と判断して、併せ馬の相手を弱くした可能性が高いです。

逆に、格上の相手と併せるようになれば、調教師は「調子がいい」と判断しています。


メタボ教授が、調教で見る部分はこの程度です。

「レースを使うなら、１００％の状態に仕上げるのが当たり前」なので、中途半端に調教をかじるくらいなら、見ない方がいいです。

【6-3】パドックは調教よりも重要である理由

一方でパドックはある程度重要視します。

例えば、以下の場合なら前者の方が凡走しやすいです。

・調教は良かったけど、パドックは駄目な馬
・調教は駄目だったけど、パドックはいい馬

「調教は過去のもの」、「パドックはレース直前のもの」なので、時系列に差があります。

いくら調教が良くても追切後に体調を崩せば走りません。
輸送に失敗した馬を調教で見抜くのは、時間軸的に不可能です。
その**ため**パドックの方が重要度は高いと言えます。
誰でも気が付きそうな簡単な話ですが、それに気がついている人はごく少数です。

それと調教をきちんと見るには、膨大な時間がかかります。

一方でパドックのチェックは、僅か数分で終わります。時間が無い人にとって、この差は大きいです。

以上の理由から、僕は調教よりもパドックを重視しています。

パドックは難しく考えず、以下のことを確認するだけで構いません。

・元気があるかどうか
・イレ込んでないか
・腹回りが太くないか

馬体重が大幅なプラスなら、腹回りの太さや歩き方をチェックしてください。

怪我や病気があって調教出来ずに太った場合、パドック周回時はトボトボ歩きます。こういう馬は評価を大きく下げましょう。

一方で食欲が旺盛でプラス体重なら元気がありますので大幅プラス体重でも走ることがあります。

もちろん成長時期なら大幅プラス体重だろうが全く問題ありません。

逆に大幅なマイナス体重なら、腹回りが細くなっていたり、イレ込みが無いかチェックしてください。

輸送で暴れて馬体重を減らし、パドック中でもカリカリしている馬が多いです。

そうなるとパフォーマンスを大きく落とします。

パドックを見る目を養いたいなら、YOUTUBEなどで過去に行われたレースのパドック動画を探しましょう。

好走した馬と凡走した馬を重点的に見れば、メキメキ実力がつくはずです。

もしくは競馬中継を毎週録画して見返す方法でも構いません。

ちなみに、パドックの専門家は**「馬具」**も見ています。

ハミやチークピーシーズを変えてくれれば、何かしらの変化があるものです。

あと**脚に包帯を巻いていたら「軽い怪我でもしたのかな?」と推測**ができます。

パドックを専門的に見るならそういう部分も重要ですが、中継で映し出される秒数だとそこまでチェックする時間はありません。

そのため「気にしなくてもＯＫ」だと割り切りましょう。

あとパドック派の中には馬体を見て適正を判断する人もいます。「首の角度が云々」「筋肉の付き方が云々」といった感じで、馬体を評価する予想方法です。

馬体で適正を見る予想も間違いではないのですが、馬というのは角度が変わると見え方が異なります。

それと馬は生き物ですから、15分～20分あるパドックをずっと同じ様子で周回できるわけではありません。

現地のパドックでじっくり観察しても、見る場所によって印象が大きく変わります。

そういった側面もありますので、パドックを完璧に見るのは不可能です。

パドックはあくまで最終確認の場であり、買おうと思った馬がよく見えないなら「購入額を減らす」程度のさじ加減でいいと思います。

返し馬についてもパドックと同様で完全に見るのは不可能です。

手に入る情報もパドックとあまり変わりません。

ハクサンムーンが本馬場入場でクルクル回っても回らなくても、前残りの展開にならないと来ません。

「締切時間に間に合わない」というリスクもあるので、僕は返し馬を一切見ません。

第7章

血統に対する向き合い方

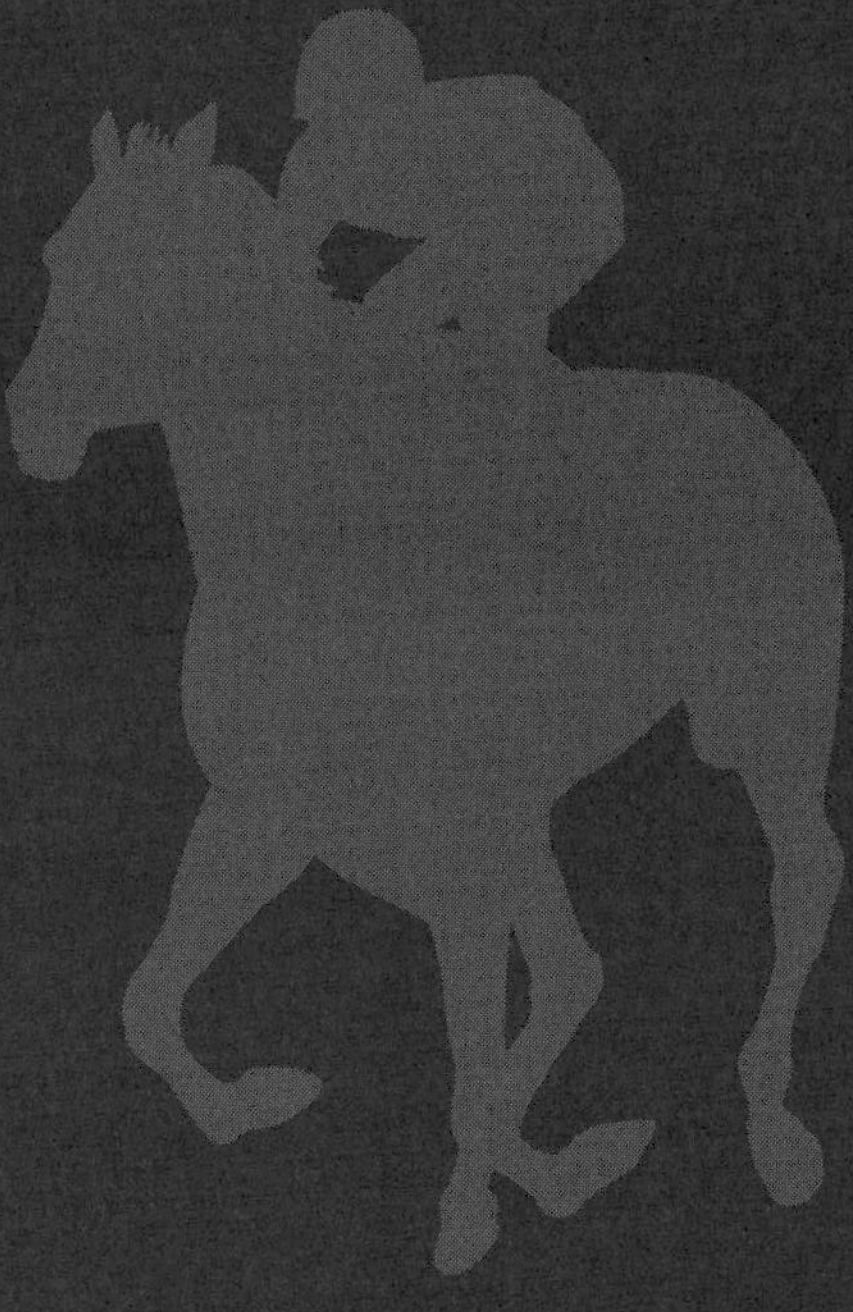

この章では血統予想について解説します。

昔は輸入種牡馬が多く、血統というのはマニアックな世界でした。しかし最近の種牡馬は日本で走っていた馬が大半です。

そういう意味で、血統に親しみやすくなったと言えます。

【7-1】新馬戦は血統予想が中心

新馬戦は調教と血統を見て予想するしかありません。

近年は育成施設の整備が進み、新馬戦で予想するのに重要な「調教量（調教期間）」がよくわからなくなりました。

それゆえ血統でしか予想できないのですが、近年新馬戦で回収率がいい血統は次ページの表の通りです。

ダート種牡馬が優秀だと言えるでしょう。

さらにデータを掘り下げて行くと、これらの種牡馬の好走条件はほぼ短距離に集中しています。

短距離の新馬戦で重要なのは、前向きさです。

「ゲートが開いたら前へダッシュする」ということすら出来ない馬は結構います。

最後まで気を抜かず走りきる馬も少ないです。

そのため、**少々折り合いを欠いてもゲートが開いたらガンガン行く馬の方が好走しやすい**と考えてください。

一方、**気性が前向き過ぎるとマイル以上は苦手**です。

これくらいしか使えるデータが見当たらないので、個人的にはあ

種牡馬	着別度数	勝率	連対率	複勝率	単勝回収率	複勝回収率
パイロ	26-20-16-137/199	13.1%	23.1%	31.2%	174	111
シニスターミニスター	14-11-6-102/133	10.5%	18.8%	23.3%	176	98
プリサイスエンド	13-10-17-124/164	7.9%	14.0%	24.4%	159	130
ケイムホーム	10-9-5-111/135	7.4%	14.1%	17.8%	169	115
アッミラーレ	6-3-1-37/47	12.8%	19.1%	21.3%	382	139
スパイツタウン	6-1-2-4/13	46.2%	53.8%	69.2%	147	104
タピット	5-2-3-7/17	29.4%	41.2%	58.8%	122	101
サマーバード	4-3-3-39/49	8.2%	14.3%	20.4%	304	109
タイムパラドックス	4-2-6-49/61	6.6%	9.8%	19.7%	112	107

新馬戦に強い血統

まり新馬戦に手を出さないようにしています。

【7-2】血統予想の限界

僕が競馬を始めた頃は、血統さえ知っていれば簡単に勝つことができました。

・加速力が求められるレースは、『ブライアンズタイム（ロベルト系）』
・スタミナが求められるレースは、『トニービン（グレイソヴリン系）かノーザンダンサー系かリボー系』
・トップスピードが求められるレースは、『サンデーサイレンス（ヘイルトゥリーズン系）』

以上のような感じで、くっきり別れていたからです。

一般的にはブライアンズタイム（ロベルト系）が長距離が得意と考えられていますが、これは、菊花賞や**天皇賞春が行われる京都競馬場外回りコースは、４コーナーからの加速力が重要**だからです。

一方で、トニービン産駒はスタミナタイプですが、長距離戦を苦手としていました。

ここで言うスタミナというのは「ガソリン量」と同義ですが、トニービン産駒はとても燃費が悪かったので、ハイペースやロングスパートトレースには強かったものの、長距離は苦手でした。

それくらいトニービン産駒は気性が悪く、折り合うのが難しい馬だったのです。

ところが、トニービンの孫世代になると気性が大幅に改善して、長距離をこなす馬が多く出てきます。

今では「長距離はトニービンの血を持つ馬を買え」というのが、血統派の認識です。

そんな当時、毎回人気を被るのはサンデーサイレンス産駒でした。

サンデーサイレンス産駒は、スローの上がり比べを得意としています。

厳しい流れを作る馬がいたり、不良馬場である場合、スタミナ血統を買っておけば穴馬券が面白いように取れたのです。

しかし、**近年は血統のタイプがくっきり別れなくなり**ました。

有力種牡馬は、サンデーサイレンスの子どもや孫ばかりです。

サンデーサイレンスの血を持ってない種牡馬もいますが、交配相手の大半は母父サンデーサイレンスの牝馬となります。

その結果、同じようなタイプの馬しか見なくなりました。

これでは血統で予想しようがありません。

個人的に最も印象に残っているのが、2011年のダービーです。

出走18頭中18頭共にサンデーサイレンスの血を持っていました。

血統派の終焉を悟った瞬間です。

それ以降、血統以外のファクターを重視するようになりました。

近年はディープインパクト産駒の天下となっています。

ディープ産駒に弱点があればいいのですが、残念ながら見当たりません。

回収率や指数の上下だけを見ればスローの上がり比べが得意で、スタミナ比べになると分が悪いです。

ただ、スタミナ比べが全く駄目というわけではありません。ディープ産駒が苦手なスタミナ比べとなっても、その時パフォーマンスを上げるスタミナ血統馬がほとんど存在しないからです。

例えば2016年の凱旋門賞は、超ハイペースでディープ産駒のマカヒキが惨敗して、スタミナタイプであるガリレオ産駒が1・2・3しました。

でも、ガリレオ産駒なんて日本ではほとんど走っていません。

そのためディープ産駒が力を出しきれないレースで穴馬を狙うというのは、難易度が高いです。

ディープ産駒の弱点を他にも無理やり探すと、ダートの短距離戦を苦手としています。

ただ、それも近年大活躍している母父ストームバード系なら大丈夫です。

芝のスプリント戦も苦手ですが、スプリント系の母方と配合すれば、そのうち強い馬が出てくると思います。

ディープ産駒が人気になっているレースは、人気通りの決着になりやすいです。
かといって、ディープインパクト産駒を闇雲に買っても、プラス収支にはなりません。
そんなレースを無理に当てようとせず、予想をするのを回避してください。
時間の無駄です。

強いディープ産駒が出てこないレースだって、沢山あります。

逆を言えば以下のようなケースでは、血統予想もまだ通用する印象です。

・他のサンデー系が人気になっているレース
・ディープインパクト産駒が苦手な短距離レース

「ディープインパクト産駒が人気しているレースは買わない」というくらいの意志がなければ、血統予想で勝つのは不可能でしょう。

【7-3】馬の成長を予想に取り入れる

馬の成長というのも重要な予想ファクターです。

2歳時のデータを見て「早熟血統」を判別するのは難しいと個人的に考えています。2歳戦は育成牧場での乗り込みが結果を左右するレースです。出走する馬の実力差も大きいので、血統は関係なく決まります。

一方で晩成の種牡馬というのは少なくなりました。あえて挙げるなら、マンハッタンカフェやタイキシャトル（メイショウボーラー）くらいです。ステイゴールド産駒やハーツクライ産駒も晩成傾向ではありますが、2歳から走る馬もいます。

日本の競馬は同じような血統ばかりになったので、血統で成長時期の差が出にくくなったと言えるでしょう。

それでは競走馬の成長について、さらに細かく解説します。

まず成長とはいっても、以下の2つに分けて考えてください。

（1）レースを覚えるという成長

（2）体の成長

（1）の場合はレースを使う毎に成長します。

指数を見ても大半の馬が新馬から2戦目にかけて大きく上げますし、5戦目までは上昇傾向にあります。

ただ、戦歴の浅い馬は、思わぬ凡走をすることも多いです。

また、古馬との初対戦でも、指数の上下動が激しくなります。

3歳限定のレースと古馬混合戦とでは、流れが違うからです。

古馬混合戦の方が厳しい流れになりやすく、厳しい流れでも速い上がりが求められます。

初対戦だとペースに対応できない3歳馬が多いです。

その結果、力を出しきれずに惨敗します。

「厳しい流れを経験してない3歳馬は古馬との初対戦時に凡走しやすい」と、覚えておきましょう。

古馬との初対戦を経験した場合、次走は慣れにより指数を上げる傾向があります。

つまり、古馬との初対戦も成長するポイントです。

ただ、例外として1200メートルのレースが挙げられます。

1200メートルなら、3歳限定だろうが古馬混合だろうが、ほぼ前傾ラップなのでレースの質が変わりません。

3歳馬が斤量差を活かすことにより、いきなり通用することも多いです。

あと気性難についても解説します。

気性難はレースを使っても改善されません。

矯正馬具、調教パターンの変更、去勢などいろいろと試行錯誤した結果、改善されることはあります。

しかし、いろいろと試行錯誤した結果、気性難が解消されずにかえって悪い方向に行くことも多いです。

年を取ってから老害化する馬もたまにいます。

気性的に成長しているかどうかは、過去のレースと今回のレースとを見比べなければ、判断が付きません。

次は（2）の**「体の成長」**について解説します。

競走馬は、おおむね2歳～4歳まで、指数が右肩上がりで上昇します。

特にクラシックシーズンである3歳春は急成長するので、指数を見る際には注意が必要です。

中でも、サンデー系やキングマンボ系やデピュティミニスター系の成長幅が大きいので、それらの血を持ってない馬がクラシック戦線で、馬券に絡むのはかなり難しいです。

指数的に見た場合、成長の天井は4歳秋か5歳春頃となります。

そこから1年～2年は天井を維持する形です。

6歳秋や7歳になると、下降する馬が徐々に出てきます。

右肩下がり傾向となった馬は、買わない方が賢明です。

ただし、衰えるのはおおむねトップスピードとなります。
スタミナ比べになりやすいダートだと、高齢まで活躍する馬も多いです。
そのため、レース条件や展開によって、高齢馬の取捨選択をしてください。
スローの上がり比べになりそうなら、7歳以上の馬は軽視して大丈夫です。

「個体差」についても見ていきましょう。

馬体重は成長するにつれて増えますが、そうじゃない馬もいます。
余計な肉を落とすことにより、馬体が改善される部分もあるからです。
そのため馬体重が一緒だからといって、成長してないとは限りません。

あと成長期はトレセンにいるより、外厩で調整した方が指数を跳ね上げる傾向があります。
トレセンより外厩施設の方が馬を鍛えられるから、外厩に滞在しているわけです。

2～3ヶ月のレース間隔を取ってじっくり外厩で調整している場合は、「休み明けだから割引」と考えないでください。

近年では、G1レースだとトライアルやステップアップレースを使うより、外厩でじっくり調整されていた馬の方が結果を残しやすい傾向があります。

つまり、外厩滞在は競馬予想において重要なファクターです。

ちなみに外厩の情報は、以下のサイトを見ると、無料で公開されているレースもあります。

JRDV・sp
http://blog.jrdvsp.com/

昔は、西高東低と言われるくらい関西馬が強かったのですが、近年は外厩で馬を鍛えるので、関東馬も関西馬も関係なくなりました。

仕上がった状態で外厩から帰厩するので、調教師は「出走登録師」とか「餌やり師」とか言われる時代です。

ただ関東馬の場合、社台系の外厩へは輸送に時間がかかります。

（山元トレセン・ノーザンファーム天栄など）

トライアルなど前哨戦を使って、中2週や中3週で本番を使う場合、外厩に戻すと短期間で長距離輸送を繰り返すこととなるわけです。

それが原因で調子を崩す馬もいます。

一方で外厩に戻らず美浦で調整した結果、仕上がらない馬もいます。

近い将来美浦トレセンを改修するそうなので、外厩効果も薄れるかもしれませんが、現状だと外厩の効果は無視できない存在です。

第8章　データ予想で飯が喰える!?

近年、発展著しいのが、パソコンでデータを取得して買い目を決定する予想方法です。
この章では、データ予想について解説します。

【8-1】データ予想の利点と弱点

一口にデータ予想といってもいろいろありますが、例えば有馬記念を予想する場合、中山競馬場芝2500メートルにおける以下のデータを見たりします。

- ・枠順別成績
- ・種牡馬別成績
- ・脚質別成績
- ・騎手別成績
- ・調教師別成績

また、過去の有馬記念を振り返って、以下のような内容も参照します。

・ローテーション別成績

・世代別成績

ただ、僕自身はこういったデータの見方に懐疑的です。

統計学の難しい表現は避けておきますが、過去のデータから未来を予測する場合『過去の条件と未来に行われる条件は同一』であることが求められます。

過去と未来とが同一条件で試行されない場合は、データ分析をしても意味がありません。

例えば中山競馬場は２０１４年に改修されたので、それ以前のデータを使うべきかどうかの精査が必要となります。

今回予想する有馬記念が、過去の有馬記念と同じ状態で行われるかどうかは重要な要素です。

また、サンプル数が少ないと過去の傾向は「たまたま偏っただけ」の可能性も出てきます。

サンプル数の不足というのはデータ派における最大の課題です。

そして「たまたま偏った」というのはレースの結果だけではありません。

例えば、脚質別成績を見る場合、過去に出走した馬が同じ脚質ばかりなら、データ分析する意味は無いです。

「出走時点での偏りを調べる必要がある」ことも知っておいてください。

とはいえ、近年はデータ派が台頭してきました。

その理由として、以下の2要因があると思います。

・競馬が成熟して来た
・取り込めるデータの種類が増えた

昔は過去のデータが一切参考にできないレベルで、競馬の質が変わっていました。

オグリキャップの時代、ナリタブライアンの時代、テイエムオペラオーの時代、それぞれ競馬の常識が打ち破られた時代だったと思います。

そんな時代のデータを集計しても役に立ちません。

しかし、ここ10年くらいは、競馬の質がそれほど変わってないと思います。

ゆえに、データ分析が通用するようになりました。

それに加えて、数値化されるデータの種類が増えたという要因もあります。

先述した要因に加えて、様々なデータを分析することが可能になりました。

- スピード指数
- 馬体重
- 過去5走の成績とクラス
- 馬主・生産者
- 出遅れ
- 季節
- 馬場状態
- 人気
- 斤量
- 出走頭数

また、リアルタイムオッズと連動させることにより、期待値の算出をしている人もいます。

理論上の回収率が100％を超える買い目を探すのがデータ派の手法です。

機械的に処理することにより、予想する時間を短縮することが可能となります。

個人的にはデータだけで勝てるとは思えないですが、データ予想で勝てるなら「最も効率が良い予想方法」だと言えるでしょう。

ちなみにデータの収集は、以下を使うのが一般的です。

ＪＲＡ‐ＶＡＮのデータラボ

http://jra-van.jp/dlb/

僕はアナログ予想を中心にしていますが、このＪＲＡ‐ＶＡＮのデータラボを使って基礎的なデータはチェックしています。

初めての方なら無料お試しのスタートアップキットがあるので、それを使うのがオススメです。

過去のデータが全て取り込めて一通りの分析ができますので、気軽に取り寄せてみてください。

（ただしウインドウズが動くＰＣが必要です）

データ派はこれからも増えるはずですが、それは言い換えれば飽和する運命が待っています。データの組み合わせには限界があるため、データ予想をする人が増えれば増えるほど配当が下がるはずです。

また、リアルタイムオッズといっても厳密にはタイムラグがあります。投票した時点でオッズは確定しません。

「期待値の算出」が出来れば常勝ですが、簡単にそれができるほど甘くないです。期待値プラスの馬券かどうか解らないまま馬券を買い続けている人も沢山います。

データ派をやるにしても、以下の事項を徹底してください。

・データ以外の『アナログ的な要因』を必ず取り入れる
・期待値が100%をオーバーのデータを発見しても「データを形成する諸要因」と「今回のレース」との関連性を精査する
・期待値が、100%をちょっと超えただけでは勝負しない

データ派で長年生き残っている人は破綻率まで計算して慎重に運用しているそうです。買い目決定要因が間違っていた場合、それに気がついて修正するまでに多少の時間がかかります。それまでに種銭を切らせると終了なので、破綻しないマネージメントは重要です。

もちろん、それはデータ派に限った話じゃありませんので、十分注意しましょう。

それではJRA‐VANのデータラボのターゲットを使いつつ、馬券に使えるネタをいくつか紹介します。

【8-2】有利な枠と不利な枠

枠順というのは、競馬において重要なファクターです。まず、内枠・外枠のメリットをまとめます。

●内枠の利点

外を通れば通るほど走る距離は大きいので、最短距離が通れる内枠は有利です。

例えば、右下の写真のように、２０１６年菊花賞の最後のコーナーでは馬群が横長に広がり、内と外とでは約10メートルの差がありました。

乱暴な計算ですが、このコーナーだけで大外のレインボーラインは最内のエアスピネルより、以下の距離分を余計に走ったことになります。

10メートル×2×3・14×（90÷３６０）＝１５・７メートル

スローの上がり比べならガソリンが余っているので問題ありませんが、通常の流れならこの距離損は痛いです。

また、内枠の利点として「前に馬が置ける」というのがあります。

いくら折り合いを欠いた馬でも、前の馬にぶつかろうとすることはほとんどありません。

そのため、前に馬を置くことによって、折り合いをつけることが可能です。

●外枠の利点

外枠の利点は「スムーズな競馬ができる」ことにあります。

コーナー性能が悪い馬は、旋回半径が大きくなる外を走った方がいいです。

また、外を回るとアクセル全開状態で走れるので、4コーナーを回った時にはトップスピードに乗った状態となります。スローの上がり比べだと有利です。

それと前が詰まる心配もありません。不利がなければ成績は安定します。

ディープインパクトやオルフェーヴルが安定した成績を残せたのも、大外ブン回し戦法だからです。

距離ロスの不利を跳ね返すだけの能力差がある馬なら、大外をブン回すのが正しい乗り方となります。

一方で内枠は馬群に包まれて、何もできない危険性があるわけです。

	着別度数	勝率	連対率	複勝率	単勝回収率	複勝回収率
1枠	1786-1797-1810-19600/24993	7.1%	14.3%	21.6%	72	76
2枠	1968-1858-1964-20443/26233	7.5%	14.6%	22.1%	70	78
3枠	1941-2027-1895-21779/27642	7.0%	14.4%	21.2%	71	73
4枠	2064-2018-2027-22739/28848	7.2%	14.2%	21.2%	75	76
5枠	2035-2076-2113-23883/30107	6.8%	13.7%	20.7%	71	75
6枠	2153-2189-2186-24624/31152	6.9%	13.9%	21.0%	73	74
7枠	2326-2331-2354-28276/35287	6.6%	13.2%	19.9%	68	72
8枠	2412-2383-2335-29210/36340	6.6%	13.2%	19.6%	73	70

▲芝コース枠別データ

●理想の枠順

芝のデータを集計すると、2枠が若干有利です。
右下の表を参照してください。

基本的には内枠が有利となっていますが、1枠がトップじゃない理由は「前が詰まるリスクが高くなる」からだと思います。

例えば、前に馬が3頭走っていたとしましょう。

▼［図5］最後の直線までに、内を1頭空けておいた方が有利です。

▼［図6］逃げ馬が垂れて来たら外に出せます。

▼［図7］このように両サイドの馬が下がってきたら、真ん中の馬についていけばOKです。

▼［図8］逃げ馬が粘るなら内に切り替えると馬群を抜け出せます。
▼［図9］2頭が伸びた場合は、下がってくる馬との間に生じるスペースに飛び込めばＯＫです。
▼［図10］一方で、最内のラチ沿いにいるとライン取りの選択肢が狭くなります。

このため1枠というのはそこまでいい枠ではありません。

ちなみに馬番別のデータを集計するとゲートが後入れになる偶数番が有利です。後入れだとゲート内での待ち時間が少なく、暴れたり出遅れたりするリスクが低くなります。

最近10年だと、偶数番は奇数番より単勝回収率が8％・複勝回収率が4％も高いです。

そのため、芝コースにおける理想の枠順は、2枠4番となります。

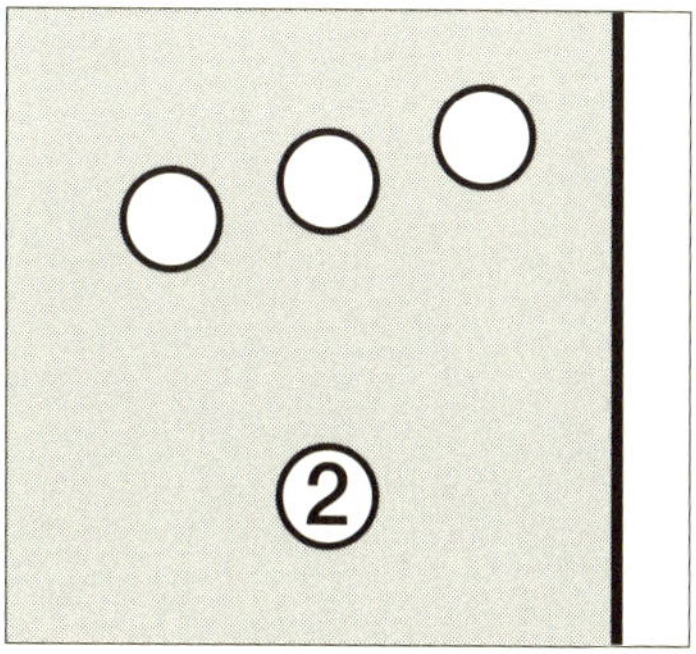

図 5

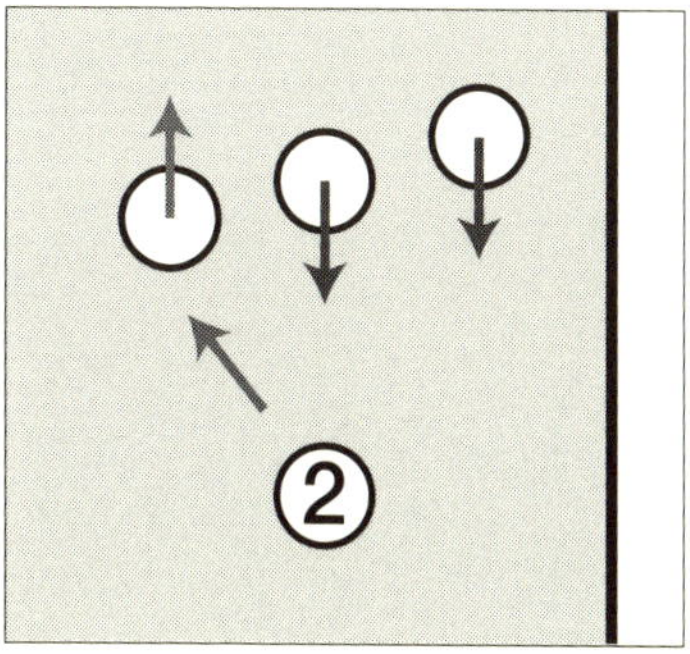

図 6

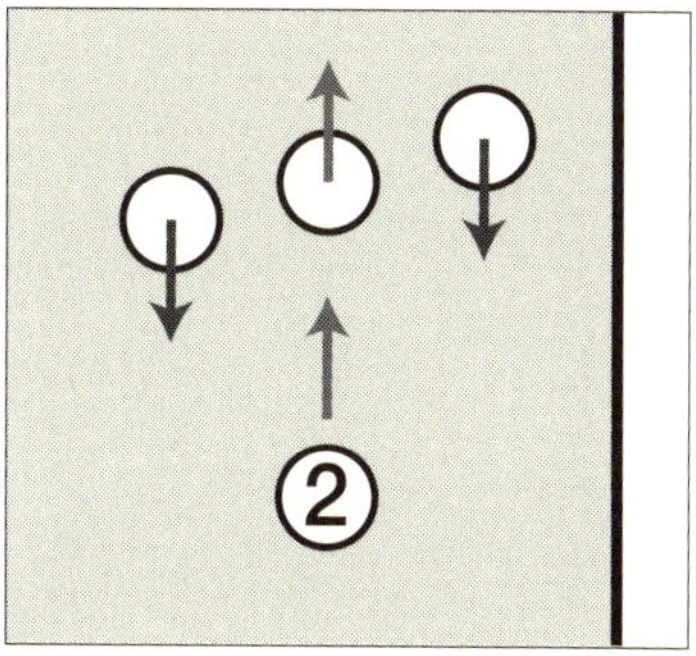

図 7

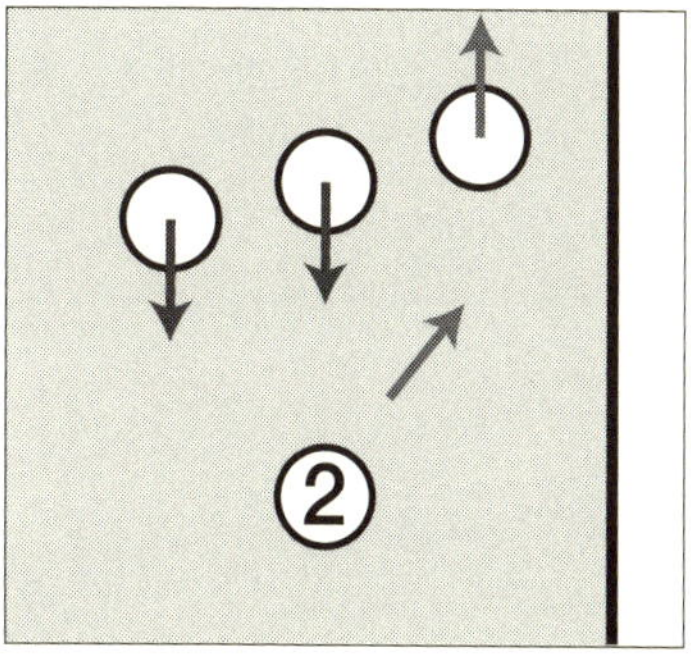

図 8

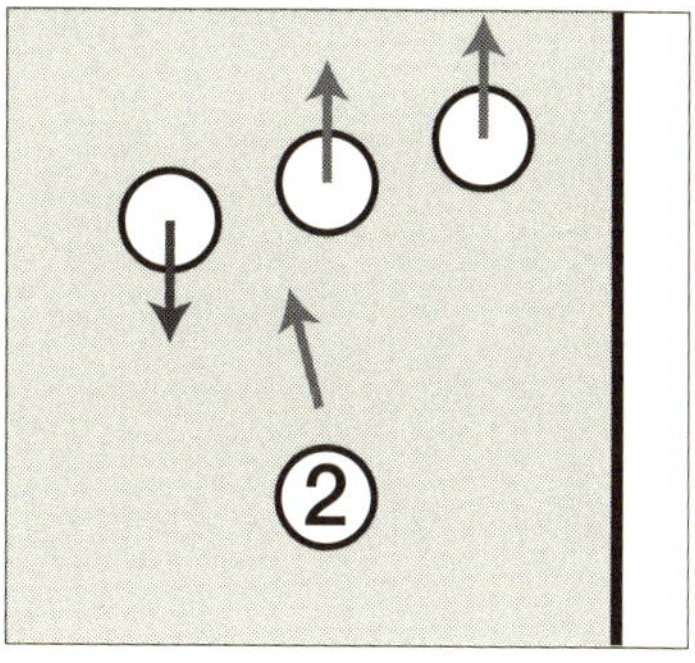

図 9

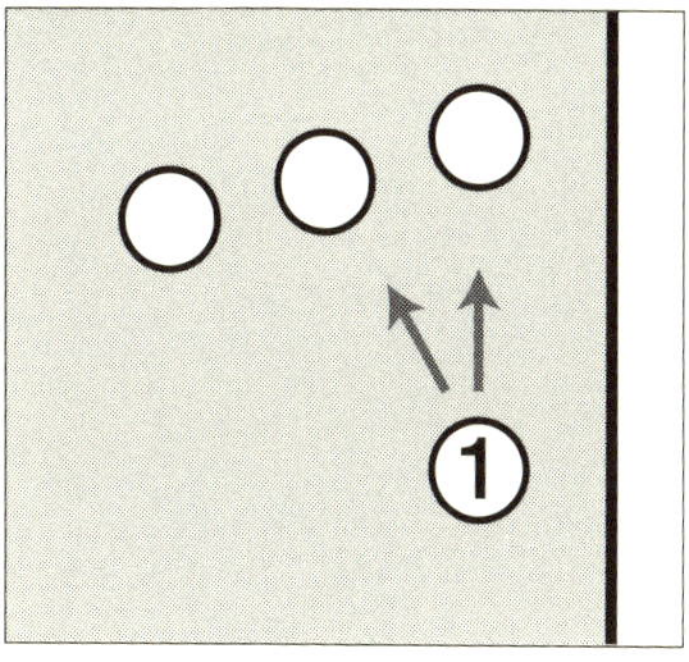

図 10

実例で最も解りやすい、２０１４年の有馬記念を見てみましょう。

有馬記念２０１４（ＪＲＡ公式動画）
https://youtu.be/uH8Gooc2-FU

勝ったジェンティルドンナは、１頭内を開けて走っています。

前を走っているのは、ヴィルシーナとエピファネイアです。

ヴィルシーナとエピファネイアとを比較した場合、ヴィルシーナが垂れてくる可能性が高いと考えられます。

そのため、エピファネイアの後ろを走るのが正解です。

ジェンティルドンナの戸崎騎手が４コーナーで選んだラインは、エピファネイアの外でした。スローの上がり比べだったので、「外に出して加速をつけよう」と判断したのだと思います。


結果的には、４コーナーで外に振らずにエピファネイアの後ろをついて行っても勝てたと思いますが、もしヴィルシーナの後ろにつけていたら前が詰まって負けていたはずです。

このように、内を1頭空けて走るとライン取りの選択肢が増えます。

2014年の有馬記念を取り上げた理由はそれだけじゃありません。

このレースは枠順を「ドラフト形式」で決めました。

最初に枠の指名権を得たのはジェンティルドンナです。

言い換えれば、ドラフトで1位指名された枠順は2枠4番でした。

陣営は1枠2番とも迷ったそうですが、包まれるリスクを嫌って2枠4番にしたそうです。

1枠2番だと最内1番の馬と横並びにならない限り、ラチ沿いに閉じ込められる可能性が高くなります。

以上のことから**「内有利の馬場であっても1枠よりも2枠の方が有利」**と考えてください。

次にダートを見てみましょう。下記の表を参照してください。ダートは内枠より外枠の方がいいです。

	着別度数	勝率	連対率	複勝率	単勝回収率	複勝回収率
1枠	1568-1537-1739-20020/24864	6.3%	12.5%	19.5%	61	70
2枠	1768-1820-1967-22048/27603	6.4%	13.0%	20.1%	71	75
3枠	1896-1938-1955-23127/28916	6.6%	13.3%	20.0%	77	76
4枠	2098-2080-2059-24188/30425	6.9%	13.7%	20.5%	68	73
5枠	2225-2232-2162-25011/31630	7.0%	14.1%	20.9%	72	75
6枠	2259-2236-2249-25501/32242	7.0%	13.9%	20.9%	72	77
7枠	2321-2334-2249-25783/32687	7.1%	14.2%	21.1%	73	76
8枠	2493-2453-2244-25741/32931	7.6%	15.0%	21.8%	77	79

▲ダートコース枠別成績

内枠は包まれて砂を被るから駄目なのだと思われます。

砂を被るだけではなく、前の馬が作る足跡により、後ろの馬が走りにくくなる要因もあるはずです。

特に競馬場は関係なく**「芝スタート」のコースでは、内外差が顕著**です。

芝スタートのコースは最初のコーナーまでの距離が長いので、外枠の馬でも距離ロスがないポジションを取りやすいからだと推測できます。

また、外枠の方が芝区間が若干長い事も有利な要因だと言えるでしょう。

以上が枠についてのデータ解説でした。

	着別度数	勝率	連対率	複勝率	単勝回収率	複勝回収率
1枠	466-462-530-6858/8316	5.6%	11.2%	17.5%	52	65
2枠	543-566-607-7548/9264	5.9%	12.0%	18.5%	64	71
3枠	600-571-605-7767/9543	6.3%	12.3%	18.6%	65	71
4枠	622-656-643-7817/9738	6.4%	13.1%	19.7%	61	75
5枠	674-666-603-7931/9874	6.8%	13.6%	19.7%	67	71
6枠	699-708-666-7911/9984	7.0%	14.1%	20.8%	65	76
7枠	686-706-700-7952/10044	6.8%	13.9%	20.8%	77	76
8枠	774-735-704-7870/10083	7.7%	15.0%	21.9%	77	78

▲芝スタートのダート枠別成績

【8-3】休み明けは調教を見ずに◯◯を見よ

先述した通り、僕は調教タイムをあまり参考にしません。

不正確な調教タイムを分析するくらいなら、調教師データを集めた方がまだ有意義です。

ただ、休み明けに関しては調教師より重要なのが馬主となります。

一般的な傾向として、一口クラブ馬主の休み明け回収率は悪いです。

クラブ馬主は「沢山出走して稼ごう」とする方針が原因と推測できます。

馬主	着別度数	勝率	連対率	複勝率	単勝回収率	複勝回収率
シェイク・モハメド	44-40-46-359/489	9.00%	17.20%	26.60%	104	97
栄進堂	34-28-35-216/313	10.90%	19.80%	31.00%	172	123
前田幸治	26-20-32-205/283	9.20%	16.30%	27.60%	110	111
島川隆哉	26-18-21-252/317	8.20%	13.90%	20.50%	123	95
ラッキーフィールド	17-13-19-69/118	14.40%	25.40%	41.50%	113	111
岡田牧雄	14-24-10-249/297	4.70%	12.80%	16.20%	107	94
大城敬三	14-20-12-160/206	6.80%	16.50%	22.30%	254	108
永井啓弍	11-9-12-167/199	5.50%	10.10%	16.10%	126	92
オースミ	10-11-10-108/139	7.20%	15.10%	22.30%	167	102
土井肇	9-5-13-207/234	3.80%	6.00%	11.50%	255	105

▲休み明け高回収率馬主

馬主	着別度数	勝率	連対率	複勝率	単勝回収率	複勝回収率
ラフィアン	24-25-43-511/603	4.00%	8.10%	15.30%	36	71
ビッグレッドファーム	6-11-12-292/321	1.90%	5.30%	9.00%	47	52
友駿ホースクラブ	6-8-10-139/163	3.70%	8.60%	14.70%	48	64
ヒダカブリーダーズU	19-21-27-335/402	4.70%	10.00%	16.70%	57	63
ロードホースクラブ	17-23-14-201/255	6.70%	15.70%	21.20%	46	70
大樹ファーム	8-9-9-118/144	5.60%	11.80%	18.10%	52	50
小田切有一	7-1-8-124/140	5.00%	5.70%	11.40%	37	31
友駿ホースクラブ	6-8-10-139/163	3.70%	8.60%	14.70%	48	64
ライオンレースホース	7-5-4-81/97	7.20%	12.40%	16.50%	41	61
グリーンファーム	15-18-18-213/264	5.70%	12.50%	19.30%	54	64

▲休み明け低回収率馬主

馬主	着別度数	勝率	連対率	複勝率	単勝回収率	複勝回収率
サンデーレーシング	118-101-93-898/1210	9.80%	18.10%	25.80%	77	83
キャロットファーム	113-100-104-891/1208	9.40%	17.60%	26.20%	79	84
社台レースホース	92-76-76-762/1006	9.10%	16.70%	24.30%	68	74

▲社台系休み明け

休み明けは、「7割・8割の出来でもレースに出してくる」と考えてください。

ただ、近年は外厩という要因もあります。

ノーザン・社台系の一口馬主は休み明けでも走りますし、回収率も悪くありません。

個人馬主についても外厩との関係性が重要です。

言うまでもなくノーザン・社台系の外厩を使っている馬は走ります。

非ノーザン系でも、馬主が自前で外厩を用意しているような所はおおむね数字がいいです。（栄進堂・吉澤オーナーなど）

自前の外厩を持っている馬主の中でも前田オーナーは特殊なケースです。個人名義と会社名義（ノースヒルズ）とで、使い分けをしています。

個人名義の馬だと休み明けの成績や回収率は非常に優秀なのですが、ノースヒルズ名義だとあまり走りません。

あとデータ上だと、休み明けから「叩き4戦目」・「叩き5戦目」が成

	着別度数	勝率	連対率	複勝率	単勝回収率	複勝回収率
明け2戦	2464-2526-2464-29984/37438	6.6%	13.3%	19.9%	64	68
明け3戦	2021-1980-1863-19945/25809	7.8%	15.5%	22.7%	81	77
明け4戦	1407-1376-1377-13040/17200	8.2%	16.2%	24.2%	83	80
明け5戦	983-913-955-8710/11561	8.5%	16.4%	24.7%	77	85
明け6〜	2026-2202-2221-22558/29007	7.0%	14.6%	22.2%	75	77

▲叩き別成績

績や回収率のピークとなります。
G1を狙う馬だと叩き2戦目をピークに持ってくる馬も多いですが、条件馬は休み明けを使って叩き2戦目でピークにはなりません。
条件馬の叩き2戦目を過大評価しないように気をつけましょう。

【8-4】地方帰りは人気になりにくい

前走「地方競馬場に遠征」の馬は人気になりにくい傾向があります。地方で2着だった馬が特に狙い目です。

基本的にレベルの低いレースを使っていますので、勝って昇級してしまうと次走は苦戦しています。しかし、負ければ同条件です。チョイ負けして同クラスに出走すると、人気の盲点となりやすいです。

見かけたら2走前・3走前の中央でのスピード指数を確認した上で、押さえるようにしてください。

	着別度数	勝率	連対率	複勝率	単勝回収率	複勝回収率
前走1着	59-36-54-1567/1716	3.4%	5.5%	8.7%	64	52
前走2着	19-27-21-359/426	4.5%	10.8%	15.7%	135	119
前走3着	16-13-10-346/385	4.2%	7.5%	10.1%	57	41
前走4着	8-18-14-362/402	2.0%	6.5%	10.0%	38	57
前走5着	7-7-15-323/352	2.0%	4.0%	8.2%	30	45
前走6〜9着	14-17-17-891/939	1.5%	3.3%	5.1%	118	72
前走10着〜	1-4-8-417/430	0.2%	1.2%	3.0%	2	38

▲前走地方での着順別成績（地方所属馬は含みません）

【8-5】前走使ったコースにも注目

開幕週というのは騎手に「前が残りやすい」という心理が働いて厳しい流れになりやすいです。

特にローカル小回りの競馬場はそういう傾向があります。

厳しい流れに対応できるかどうかを「前走使ったコース」で判別することも可能です。

例えば、福島開幕週の１８００メートルは前走使ってきたコースによって回収率に大きな差があります

東京１８００メートルのような前半のペースが緩いコースを使った馬は、福島開幕週１８００メートルのペースに対応しにくいです。

	着別度数	勝率	連対率	複勝率	単勝回収率	複勝回収率
東京・芝1600	8-11-11-75/105	7.6%	18.1%	28.6%	69	114
東京・芝1800	9-5-1-62/77	11.7%	18.2%	19.5%	45	41
東京・芝2000	3-2-4-20/29	10.3%	17.2%	31.0%	102	101
東京・芝2400	2-2-0-10/14	14.3%	28.6%	28.6%	88	77
中山・芝1600	0-6-3-18/27	0.0%	22.2%	33.3%	0	76
中山・芝1800	3-2-3-16/24	12.5%	20.8%	33.3%	59	242
中山・芝2000	1-0-2-16/19	5.3%	5.3%	15.8%	25	22
中山・芝2200	0-0-0-6/6	0.0%	0.0%	0.0%	0	0
新潟・芝1600外	1-3-1-11/16	6.3%	25.0%	31.3%	25	66
新潟・芝1800外	3-1-1-19/24	12.5%	16.7%	20.8%	107	86
新潟・芝2000外	0-2-0-12/14	0.0%	14.3%	14.3%	0	62
新潟・芝2200	1-1-0-6/8	12.5%	25.0%	25.0%	150	53
福島・芝1800	3-1-1-17/22	13.6%	18.2%	22.7%	878	257
福島・芝2000	1-0-2-4/7	14.3%	14.3%	42.9%	391	348

▲福島 1800 メートル開幕週の前走コース別成績

一方、1コーナーまでの距離が短いコースを使ってきた馬は、福島開幕週1800メートルのペースをこなせます。

具体的には前走中山1800メートルとか前走東京2000メートルとか、前走福島1800メートルの回収率が高いです。

もう一例、開幕週の小倉ダート1700メートルの前走距離別成績を見てみましょう。

距離延長馬と距離短縮馬との成績や、回収率の差が大きいです。

小倉ダート1700メートルは、スタートから1コーナーまで短いのでハナ争いが熾烈となります。

逆に京都1400メートルダートと阪神1400メートルダートと中京1400メートルはゲートからのダッシュ力が求められません。共に芝スタートで加速が付きやすく、最初のコーナーまで距離が長いという特徴があります。

	着別度数	勝率	連対率	複勝率	単勝回収率	複勝回収率
同距離	53-47-44-420/564	9.4%	17.7%	25.5%	69	88
今回延長	28-39-36-674/777	3.6%	8.6%	13.3%	76	67
今回短縮	91-85-91-884/1151	7.9%	15.3%	23.2%	94	91

▲小倉ダート1700メートル開幕週の前走距離別成績

また、1400メートルから1700メートルに距離延長となる場合、ゲートをゆっくり出す馬が多いです。

その結果、後ろから行くことになります。

小倉ダート1700メートルは差しが決まりにくいので、結果的に前走1400メートルのダートを使った馬は、凡走しやすいです。

といった感じで、開幕週の厳しい流れを狙うと穴が取りやすくなります。

前述した2つはあくまで開幕週限定のデータでしたが、開幕週に関係なく回収率が高い「コース替わりパターン」もあるので紹介します。

100%オーバーの事例をピックアップしましたが、細かく見ることでさらに回収率を上げることが可能です。

中山ダート1800メートル

↓

東京ダート1400メートル

大幅な距離短縮となります。

その中でも回収率が高いのは「前走中山1800を後ろから行った馬」です。

東京ダート1400メートルは、前走中山1200メートルを使った馬が多いのですが、全く別の適性が求められます。

中山ダート1200メートルは前傾ラップとなりやすいコースです。東京ダート1400メートルで同じような走りをするとガソリンを最後まで持たせるのが難しいので、中山ダート1800メートルで差してきたスタミナが豊富な馬にも十分チャンスがあります。

新潟芝1600メートル

↓

東京芝1400メートル

	着別度数	勝率	連対率	複勝率	単勝回収率	複勝回収率
中山ダ1800→東京ダ1400	34-33-46-482/595	5.7%	11.3%	19.0%	132	115
新潟芝1600→東京芝1400	18-19-16-145/198	9.1%	18.7%	26.8%	118	101
東京芝2400→東京芝1800	10-12-9-72/103	9.7%	21.4%	30.1%	103	114
阪神芝1600→阪神芝1800	30-31-15-222/298	10.1%	20.5%	25.5%	181	100
東京芝2000→中山芝2200	11-8-12-69/100	11.0%	19.0%	31.0%	256	125
新潟芝1200→新潟芝1000	13-18-8-129/168	7.7%	18.5%	23.2%	125	109

▲高回収率となるコース替わりパターンの代表例

東京芝1400メートルはスローの上がり比べになりやすいコースです。新潟外回り芝1600メートルで速い上がりを使った馬が馬券に絡みます。

前走がローカルという理由で人気になりにくいため、回収率が高めです。

東京芝2400メートル

↓

東京芝1800メートル

東京芝2400メートルを先行してバテた馬が、東京芝1800メートルに距離短縮して穴を開けるケースが多く見られます。

逆にスローの上がり比べを差してきた馬が、東京2400メートル→1800メートルに短縮しても、ほとんど通用しません。

阪神芝1600メートル

↓

阪神芝1800メートル

阪神外回りは、非常にペースが緩みやすいコースです。

特に阪神1800メートルは、上がり3Fを32秒台で上がってくる馬もいます。

前半スローで行って、後半速い脚を使える馬が有利です。

同じ阪神外回りの1600メートルの他にも、前走京都1800メートルの馬も回収率が高くなっています。


一方で、1コーナーまでの距離の短いコースを使って来た馬の回収率は悪いです。

そういった馬を軽視することにより、回収率の底上げが可能となります。

また、阪神1800メートルはガラパゴスコースです。

ここで鮮やかに勝った馬が次走人気して飛ぶのをよく見かけます。

東京芝2000メートル
←
中山芝2200メートル

東京芝2000メートルを負けた先行馬が、中山芝2200メートルに変わって穴を開けるケースが目立ちます。

東京芝2000メートルは最初のコーナーまでのハナ争いが激しいコースです。

一方で中山2200メートルは、1コーナーまで距離があるので、ゆっくり逃げられます。

その違いが大きいのでしょう。

あと東京2000メートルは基本内枠有利なので、外枠から前に行った馬が次走狙い目となります。

新潟芝1200メートル

新潟芝1000メートル ←

新潟直線1000メートルは、先行争いが最も激しいコースです。

あと、前走中山ダ1200を使ってきた馬も回収率が高いです。

もちろん差し馬より先行馬の方が有利なのですが、前走逃げた馬は人気になりやすく回収率が低くなっています。

2番手～5番手あたりを走っていた馬を狙うようにしましょう。

以上が、コース替わりの狙い目でした。

ちなみに重賞のデータ予想なら、以下のサイト内にある「今週の重賞データCheck」がオススメです。

要点をピックアップしてくれるので、スピーディーに確認できます。

競馬道ＯｎＬｉｎｅ

http://www.keibado.ne.jp/sp2016/index.php

第9章　馬券の買い方で大きな差が付く

この章では、馬券の買い方について解説します。

馬券の回収率とあまり関係が無いように見えますが、競馬で勝つには大切な話ですから必ず読んでください。

【9-1】精神論は言いたくないが

いくら予想技術があっても、最低限の我慢ができない人は勝てません。

ここで1つ問題です。

競馬の知識が全く無い人が馬券をランダムに買った場合、回収率はいくらになるでしょうか？


「えっ、単勝なら80％でしょ」と思った人、いませんか？

それは間違いです。

過去10年の平均を見ると、単勝をランダムに買った場合の回収率は73％となっています。

払い戻し率である80％はあくまで「平均的な予想精度で買った場合」です。

つまり、「ド素人」から勉強して「一般的な競馬ファン」になっても回収率はせいぜい80％となります。

そこからさらに20％分だけ予想精度を上げないと、プラスにはなりません。

回収率１００％オーバーはそれくらい遠いのです。

余計なレースなんか買っていたら、トータルプラス収支になるのは不可能でしょう。

また、競馬で負ける人の特徴として「１日の予算や１ヶ月の予算を決めている」ことが挙げられます。

一般的な競馬ファンは、予想したレースを全て買います。

しかし、**勝っている人は「予想をした結果、このレースは見送る」という判断が出来る人**です。

「無駄な馬券を買わない」と心掛けるだけでも、回収率は大きく変わります。

ちなみに僕が勝負するレースは、年に３００レース～４００レース程です。

ブログで重賞の前日予想を公開していますが、全てのレースで勝負するわけではありません。

公開した予想を買わないのは読者様に申し訳無いので、最低３０００円は買いますが、自信の無いレースはそれ以上の購入を見送ります。

日曜メインの予想を公開するのは「そのレースに自信があるからではなく、アクセスを集めやすいから」です。

他の競馬ブログも同じだと思います。

そのため勝ちたい人は「**メインレースだから買う**」という考えから一刻も早く卒業しましょう。

【9-2】メタボ教授式の資金管理術

1回の勝負に使うお金は、パンクしなければ何円でも構いません。
僕の場合は勝負レースで100連敗しても、大丈夫な金額で勝負しています。

過去最大の連敗はPATで集計されないのでよくわからないですが、G1レースで大連敗した時に自分で数えてみたら43連敗でした。G1に限定しなければ50連敗オーバーが過去何度かあったはずです。

大事なのは回収率なので的中率はどうでもいいのですが、メタボ教授の勝負レースにおける的中率（15%前後）だと30連敗くらい頻繁に起こります。

的中率が2割～3割ある人でも、最低30連敗分の資金は備えておいた方がいいです。

ただ、普通の人はそんなに資金を持っていません。
僕だって最初は無一文からスタートしました。

そこで「メタボ教授式の資金管理術」を紹介します。

まずお給料の中から競馬に使えるお金を、毎月PATに入れます。

「月にBET出来る金額は口座に入れた分だけ」というルールを作ってください。

2万円入れたら2万円分しかBETできません。

馬券が当たって払い戻しを受けても、『新たな馬券購入資金には回さない』という意味です。

そうなると1レース1000円だけを買うにしても、買うレースを絞らなくてはいけなくなります。

誰だって最初は負けますから、金額は少なければ少ないほどいいです。

当たったお金を再投資せずにプールしておけば、予想下手でも徐々に資金が溜まっていきます。

少なくとも最初の1年はそうやって資金を溜めてください。

回数をこなしていくと、やがて**「勝負していいレース」と「そうでないレース」との区別が**

ついてきます。

その段階になったら、**もう1個PATの口座を用意**してください。

プールしたお金を2つ目の口座に移し替えます。

2つ目の口座は**「勝負していいレース」だけ馬券を買って**ください。

「何となく買いたいレース」は毎月入金している1つ目の口座から買いましょう。

といった感じで**「勝負レース」と「お遊びレース」の2種類の口座を用意**しておくことをオススメします。

「勝負レース用口座で年間回収率をプラスにする」のが最初の目標です。

このように分けると、遊びで馬券を買う割合がどんどん減ってきます。

資金が増えていけば、勝負用口座からお遊び用の口座にお金を戻してください。

今度は「お遊び用口座」と「勝負用口座」を入れ替えて運用します。

何故口座を入れ替える必要があるのか?

勘の良い人はすぐわかると思いますが、書籍で説明できる内容ではありません。

今は気が付かないかもしれませんが、回収率がプラスとなり資金がどんどん増えていけば「ああ、それでPATの口座が複数必要なのか」と気が付くはず。

馬券の成績には直接関係ない部分ですから、わからなくても大丈夫です。

どうしても理由を知りたいのでしたら、ツイッターなどでメタボ教授に直接聞いてください。

ちなみに、同一名義・同住所で2個目のPATを申し込むのは、法律上問題ありません。

ただし、1つの銀行で同一名義の口座を2つ作ることは不可能です。

別の銀行で口座を作ってください。

【9-3】本命サイドを狙うか、穴を狙うかの理論的な正解

競馬ファンには「本命党」・「穴党」と2種類存在します。
どちらの方が勝ちやすいでしょうか。

本命狙い・穴狙いどちらも出来るのが理想ですが、**僕は穴狙いを主軸**としています。

その理由は、**人気薄の馬を軸にした方が相手を絞りやすい**からです。

人気薄が馬券になるには、展開や馬場の助けが必要となります。
前残りと予想して穴馬を買うなら、ヒモも前に行く馬を中心に買えばいいわけです。

一方で能力が高い馬はアクシデントさえなければ、どんな展開でも来ます。
しかし、どんな展開でも来る馬のヒモを選ぶのは難しいです。

そのため、**軸馬選定の段階では本命党も穴党も変わりませんが、ヒモ馬選定時に穴党の方が**

有利だと言えます。

【9-4】メタボ教授が勝負する「穴が出やすいレース」とは

まず**上位人気が負けやすい条件**として**「下位人気と力の差が無い」**レースです。

直近近5年の人気別の回収率は、次ページの「直近5年オッズ別成績」表のようになっています。

人気薄ほど回収率が低いです。

単勝オッズ別に見ると、100倍を超えると回収率が極端に下がります。

これは、能力的にノーチャンスの馬が出てくるためです。

つまり、指数を見て大きく見劣っている馬を除外すれば、穴狙いでも問題ありません。

それを踏まえた上で穴が出やすい条件をまとめてみました。

●雨降り競馬

全馬の馬券を100円づつ買った場合、馬場状態別に回収率を出すと次ページ下部の「馬場別成績」表の通りになります。

重・不良の数字が高いですよね。

特に芝の重馬場は、80%を超えています。

単勝や複勝の払戻率である80%より高いのは「真面目に予想をするよ

	着別度数	勝率	連対率	複勝率	単勝回収率	複勝回収率
1番人気	5561-3221-2211-6238/17231	32.3%	51.0%	63.8%	78	83
2番人気	3159-3121-2313-8638/17231	18.3%	36.4%	49.9%	78	82
3番人気	2219-2391-2344-10278/17232	12.9%	26.8%	40.4%	79	80
4番人気	1658-1952-2069-11553/17232	9.6%	20.9%	33.0%	80	79
5番人気	1235-1549-1741-12708/17233	7.2%	16.2%	26.3%	79	77
6番人気	956-1270-1545-13449/17220	5.6%	12.9%	21.9%	82	79
7番人気	704-972-1204-14313/17193	4.1%	9.7%	16.8%	81	76
8番人気	497-779-1035-14777/17088	2.9%	7.5%	13.5%	76	78
9番人気	397-567-810-15044/16818	2.4%	5.7%	10.5%	75	76
10番人気	289-440-606-14976/16311	1.8%	4.5%	8.2%	77	74
11番人気	221-336-455-14555/15567	1.4%	3.6%	6.5%	76	72
12番人気	159-239-350-13905/14653	1.1%	2.7%	5.1%	76	72
13番人気	91-178-229-12868/13366	0.7%	2.0%	3.7%	58	64
14番人気	47-130-153-11689/12019	0.4%	1.5%	2.7%	45	60
15番人気	41-57-110-10169/10377	0.4%	0.9%	2.0%	59	60
16番人気	14-30-53-8100/1897	0.2%	0.5%	1.2%	41	42
17番人気	1-10-10-1876/1897	0.1%	0.6%	1.1%	15	43
18番人気	0-2-11-1539/1552	0.1%	0.1%	0.8%	0	37

▲直近5年オッズ別成績

	着別度数	勝率	連対率	複勝率	単勝回収率	複勝回収率
1.0〜1.4	407-113-40-63/623	65.3%	83.5%	89.9%	85	96
1.5〜1.9	1401-634-355-661/3051	45.9%	66.7%	78.3%	78	87
2.0〜2.9	2636-1682-1141-2772/8231	32.0%	52.5%	66.3%	78	84
3.0〜3.9	2333-1887-1390-4341/9951	23.4%	42.4%	56.4%	80	84
4.0〜4.9	1726-1701-1397-5307/10131	17.0%	33.8%	47.6%	75	79
5.0〜6.9	2337-2522-2268-10503/17630	13.3%	27.6%	40.4%	77	78
7.0〜9.9	2042-2258-2349-13385/20034	10.2%	21.5%	33.2%	84	80
10.0〜14.9	1600-2039-2363-17297/23299	6.9%	15.6%	25.8%	83	80
15.0〜19.9	796-1209-1469-14311/17785	4.5%	11.3%	19.5%	77	78
20.0〜29.9	849-1248-1636-20694/24427	3.5%	8.6%	15.3%	84	79
30.0〜49.9	599-949-1367-25079/27994	2.1%	5.5%	10.4%	81	80
50.0〜99.9	384-693-945-31868/33890	1.1%	3.2%	6.0%	76	74
100.0〜	139-309-529-50394/51371	0.3%	0.9%	1.9%	45	52

▲単勝オッズ別成績

り適当に買った方が回収率が高い」ということを意味します。

つまり、「一般的な方法で予想をするのが間違い」だと言えるでしょう。

雨降り馬場の見方に関しましては第4章で説明した通りです。馬の能力よりも位置取りの方が重要となります。

●厳しい流れを作る馬がいる時

芝のレースは概ね前半より後半の方が速いです。

前半は折り合いに専念するので、どうしてもペースが緩みます。

人気になりやすいのは概ねスローの上がり比べを得意とする馬です。

厳しい流れになると凡走する可能性があります。

近年活躍した馬だと以下のような逃げ馬が出てくると、厳しい流れ

	着別度数	勝率	連対率	複勝率	単勝回収率	複勝回収率
芝・良	6786-6786-6790-76821/97183	7.0%	14.0%	21.0%	70	72
芝・稍重	1040-1038-1039-11854/14971	6.9%	13.9%	20.8%	71	70
芝・重	403-403-403-4601/5810	6.9%	13.9%	20.8%	85	80
芝・不良	111-111-112-1228/1562	7.1%	14.2%	21.4%	78	75
ダ・良	4978-4978-4973-57801/72730	6.8%	13.7%	20.5%	74	74
ダ・稍重	1750-1751-1749-20295/25545	6.9%	13.7%	20.6%	72	72
ダ・重	1002-998-1002-11689/14691	6.8%	13.6%	20.4%	71	76
ダ・不良	547-547-549-6425/8068	6.8%	13.6%	20.4%	78	76

▲馬場別成績

になりやすいです。

トウケイヘイロー
カレンブラックヒル
メイショウナルト
ミッキーアイル
マイネルミラノ
シルポート
メジャーエンブレム
マイネルハニー
マルターズアポジー

これらの馬は、ある程度実力があります。
そのため、後ろの馬に乗る騎手が「最後まで垂れない」と思ってついてくるので、全体的に厳しい流れとなりやすいです。

一方で人気薄の逃げ馬の場合はノーマークとなり、後ろがついてきません。

後続を離して逃げた場合、後ろの騎手がペース配分を間違うと逃げ残ってしまいます。

離して逃げるタイプの馬は、おおむね回収率が高いです。

指数が全然足りてないなら、いないものとして考えても構いませんが、少々低いだけなら押さえるようにしましょう。

●1番人気の馬が走らなそうなレース

例えば、1枠に入ると包まれて何もできないことがあります。

最内は進路の選択肢が少ないので、詰まる可能性が高いです。

上手い騎手は、1頭分だけ外に出して、ライン取りの選択肢を増やす騎乗を心がけています。そのため、1番人気の枠別回収率を見ると、内枠も外枠も大きな差は無いです。

ところが、距離別に見てみると回収率に差が出てきます。

短距離戦の内枠で人気になった馬は危険です。距離が短くなればなるほど、外に出すチャンスが少なくなり、馬群に閉じ込められるリスクが高まります。

次に展開面を見てみましょう。

人気馬が凡走するパターンは「自分の得意なペースで走れなかった時」が多いです。

前に馬を置かないと折り合えない馬は、どうしても前を走る馬に主導権を握られます。

折り合いが悪い馬は「人気で飛びやすい」です。

一方で前に馬を置かず折り合える馬は、ペースを自分でコントロールすることが可能となります。

そのため、外枠で折り合える人気馬は安定した成績を残すので、無闇に切ることはオススメしません。

	着別度数	勝率	連対率	複勝率	単勝回収率	複勝回収率
～1500m	218-137-99-308/762	28.6%	46.6%	59.6%	70	80
1600m～	321-172-130-334/957	33.5%	51.5%	65.1%	81	86

▲距離別１番人気の１枠の回収率

他の凡走パターンとしては、以下のように探せばいくらでもあると思います。

「調教パターンがいつもと違っている」
「パドックで元気がない」
「内有利の馬場なのに外枠を引いた」

人気どころが飛びそうなレースだけピックアップして、穴馬から勝負すると回収率を上げやすいです。

【9-5】馬連・3連複を中心に買うのが正しい理由

中央競馬の馬券には「単勝」「複勝」「枠連」「馬連」「ワイド」「馬単」「3連複」「3連単」「WIN5」と9種類あります。

どの馬券が勝ちやすいのでしょうか。

JRAの取り分を抜いた払戻率は、以下のようになります。

単　勝	80・0％
複　勝	80・0％
枠　連	77・5％
馬　連	77・5％
ワイド	77・5％
馬　単	75・0％
3連複	75・0％
3連単	72・5％
WIN5	70・0％

払戻率が高い単勝や複勝を買うのが一見正解のように見えますが、そうではありません。1頭の馬を選ぶより、2頭・3頭を当てる馬券の方が難しく、より実力差がつきます。実力差がつきにくい単勝や複勝だと回収率100％を超えるのは難しいです。

ちなみに、**メタボ教授は馬連・3連複を中心に買って**います。

軸を決めたら相手は軸馬と同じような位置取り、同じようなタイプを買うのが基本です。軸馬と逆のタイプの馬や怪しい人気馬を切るといった『技術介入』で、回収率を高めます。

ヒモがよくわからない時は単複中心で買いますが、本来はヒモをしっかり絞れるレースで勝負した方がいいです。

【9-6】期待値が高いのは3連複か3連単か

基本的には、払戻率が高い3連複を買うのが正解となります。

競馬というのは2000メートル走っても1着と2着との差が0・1秒もつかないことが多いです。ハナ差やクビ差は誤差の範囲内だと考えています。

馬連→馬単、3連複→3連単に変えると払い戻し率が2・5%下がる以上、無闇に着順を当てにいくのはオススメしません。

少し前までは「競馬で負ける人ほど3連単を好む」という傾向があったので、3連複を買うよりも3連単マルチを買う方が正解でした。しかし、払戻率が変わって以降はそういう傾向が徐々に薄れつつあります。

そのため、**基本的には馬連・3連複で勝負することを意識**してください。

ただ、**馬単や3連単を全く買わないわけではありません。スピード指数に大きな差がある場合は馬単や3連単を買い**ます。

例えば美味しそうな穴馬を発見するも、人気上位2頭の指数が抜けているとしましょう。その場合はどちらもヒモとして押さえますが、馬連・3連複で買うか馬単・3連単で買うかは枠や脚質を見て決めます。

レースの勝敗を分けるのは「スピード」「スタミナ」「位置取り」の3種類があるわけですが、指数が抜けている馬は概ねスピードもスタミナも優秀です。

つまり、**位置取りの差が無いと逆転不可能**となります。

穴馬を軸にした場合、「同じような位置取りを走る実力馬を逆転出来る可能性は低い」です。

その場合、穴馬の馬単の2着付けや3連単の2着・3着付けを買うようにしています。万が一、穴馬が実力馬を逆転出来たとしても、それは「実力馬がアクシデントで全く走らなかった」ケースが大半です。

馬券圏外になる事も多いので、裏目を買う必要性はありません。

一方で遠い位置に居る実力馬は、展開のラッキーにより逆転出来る可能性があります。その場合は、馬連・3連複を買うのが基本です。

とはいえ、**馬券を絞りすぎると的中率が低くなり、下振れに耐えきれなくなります。期待値のありそうな部分に厚く張る事を意識して欲しいですが、気休めの金額の範囲で幅広く押さえるのもアリ**でしょう。

【9-7】大事なのでもう一度だけ確認

競馬で勝つための最短距離は「勝負馬券だけ買う」ことです。

いろいろな要素を分析して、その全てが「買い」という結論になれば理想的ですが、そんなレースは滅多に出現しません。

「毎月プラス」という目標は立てないでください。

それが余計なレースを買うことにつながります。

目標はあくまで「年間プラス」です。

年間プラスを複数年続けられたら、優秀な馬券師なので誇って構いません。

余計なレースを買わないコツとして「当たりそうもないレースは予想しない」という考え方があります。

予想に手間と時間をかけてしまうと、どうしても馬券を買いたくなるものです。

そのため**「予想をするレースの条件」をあらかじめ決めて**おきましょう。

僕の場合は、以下のレースしか予想をしません。

- **開幕週や最終週など特殊馬場が出やすい日**
- **雨が降っている日**
- **「厳しい流れを作る馬」や「近走不利などがあって力を出しきれてない馬」など注目馬が出走するレース**

ちなみに注目する馬ですが、以下のサービスの機能を使えば、出走時に通知してくれるサービスがあります。

「JRA-VAN」
「netkeiba.com」

残念ながら、どちらも有料です。
僕は安いという理由で、ネットケイバの方を使っています。

注目馬が出走しない、雨降りでも特殊馬場でも無い日は予想すらしません。
そうやって無駄な馬券を買うのを防いでいます。

買うレースを絞りすぎるとプラスに収束するまでのスパンが長くなりますが、下手な馬券を買って負けるよりマシです。

結局のところ、メタボ教授は競馬一本だと毎月の収入が不安定なため、競馬開催がない平日はパチスロ・株・ブログに勤しんでバランス良く収益をあげています。

実際日本で一番稼いでいたであろう「ハズレ馬券の経費訴訟をした人」は会社員でした。
収入が安定しないので、会社を辞めるまでは至らなかったのだと思います。

ギャンブルで勝った金は、所詮あぶく銭です。
「競馬のプロとしてやっていく」と目標を立てるのは結構ですが、思った以上に収入が安定しない事を肝に命じてください。

僕はブログで**「期待値を正確に計算できても、実際その収益に届く人間は半分しかいない」**

という言葉をよく使います。

しかし、大半の人は「試行回数を重ねれば理論値のお金が手に入る」と考えています。

「確率は収束する」とよく言いますが、**ある程度収束するまでに膨大な試行回数が必要である事実を知らない人が多い**です。

実は運がいい方に偏っているだけなのに、「プロとしてやっていける」と勘違いしている人も沢山いると思います。

年間で数百万勝ったからといって、それがコンスタントに続くとは限りません。

人生は巻き戻しが不可能ですから、不運に偏った時のことまで考えて行動しましょう。精神論みたいな話になってしまいましたが、競馬で負けないためには重要な考え方となります。

第10章　競馬で勝ち続ける1％になる方法

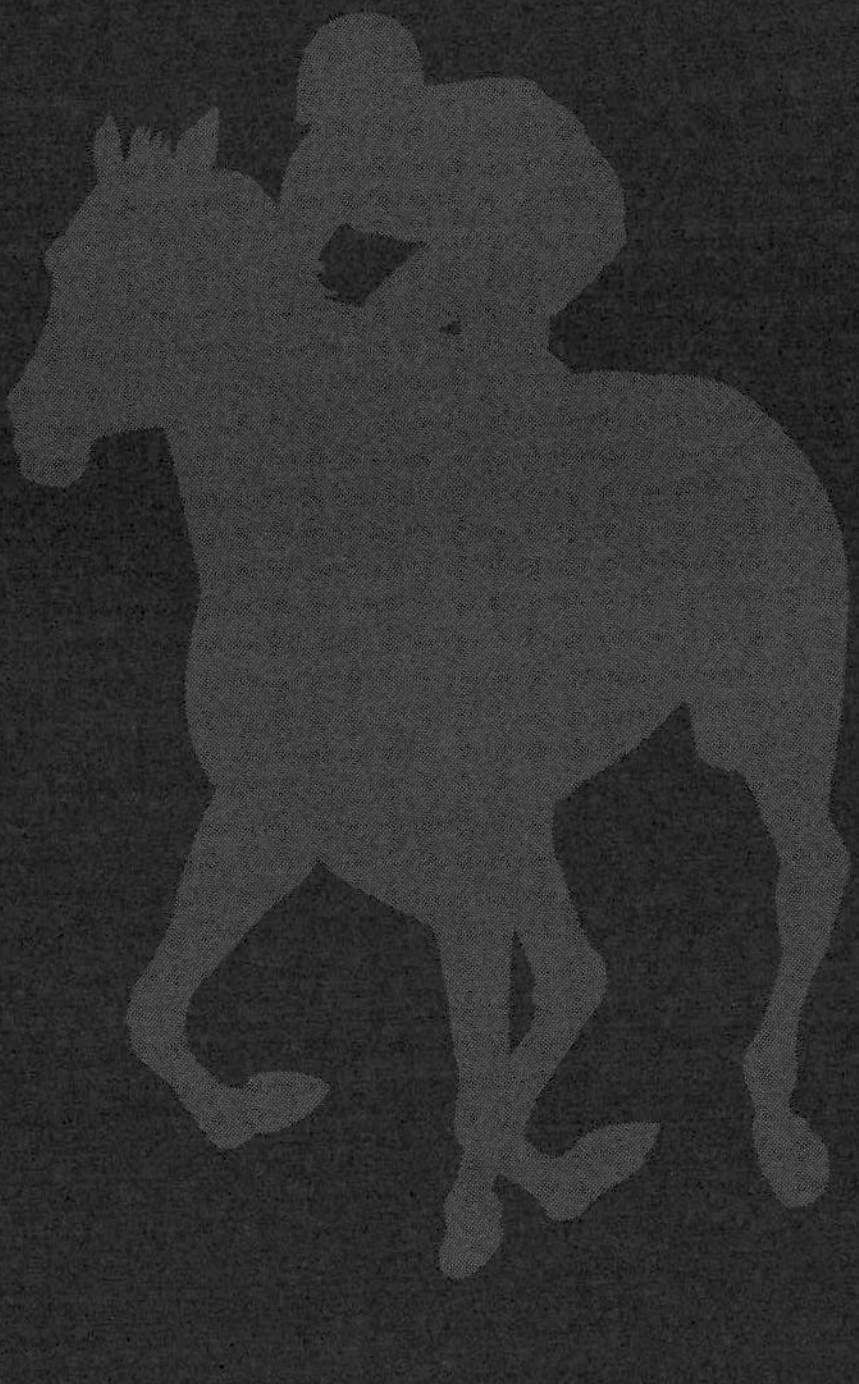

最後は、この本を読んで頂いた読者様が「さらに上へステップアップするにはどうすればいいのか？」ヒントになるようなことを書いていきます。

競馬で勝つため方法は、ここまで述べてきた通りです。

しかし、10年後・20年後まで勝ち続けようと思った場合は、理論の修正が必要となります。

直近10年は、ほとんど競馬の質が変わってないですが、全く同じというわけでもありません。

騎手の勢力・厩舎の考え方・馬場整備というのは、少しずつ変化しています。

また、競馬予想自体も少しづつ進化しているので、他の予想家の動向に注意を払うべきです。

今後どうすればいいのかを書く前に、まずは「メタボ教授がどうやって競馬予想力を身につけたのか？」を振り返ろうと思います。

【10－1】メタボ教授が予想力を付けた過程

ギャンブルに限った話ではありませんが、「人と違う視点で物事を考える」と成功に近づきやすいです。


僕が競馬を始めた頃は、みんな競馬新聞を見て予想をしていました。

（今でもそうかもしれませんが）

競馬をひと通り学んだ後に、ふと「競馬新聞を見ずに予想をすれば儲かるのでは？」と考えるようになります。


それがメタボ教授の予想の原点です。


まず「パドックだけで予想をする」ことを始めました。

しかしそれは「不可能である」ことを思い知らされます。

パドックの章で解説した通り、ＴＶ中継の秒数だとチェック出来る範囲に限界があるからです。

そこで軌道修正をして「競馬新聞を見ない」のではなく、『馬柱を見ない』という方針にしました。

具体的には、スピード指数や血統を予想の軸として取り入れます。

当時はスピード指数や血統を予想に取り入れる競馬予想家もいましたが、両方取り入れている人は少なかったはずです。

やがて、レースVTRを見て馬の個性を確認したり、力を出しきれなかった馬をメモするようになりました。

最終的に「総合的な予想をすればいい。何故なら多くの競馬予想家は特定のファクターにこだわるので」という結論に至ります。

これにより、とりあえず競馬で勝てる方法は何となくわかりました。

でも「全ての予想を網羅するには時間が足らない」という壁にぶち当たります。

そこで決断をしました。

自分で作っていたスピード指数をヤメて、市販の指数に切り替えました。

調教も「パドックを見れば十分だ」と割り切り、入念にチェックしなくなりました。

血統も似たような配合の馬ばかりになったので、そこまで重視していません。

買うレースを絞ることも重要です。

自分の得意パターン・不得意パターンを徹底分析しました。
その結果、効率よく勝てるようになりました。

しかし、新たな問題が生じました。

「時代の変化に対応できない」点です。

調教や血統をあまり重視しなくなったわけですが、情報収集を疎かにした結果、細かな変化に1年以上気付かないケースがありました。

やはり、重視してない分野でも最低限のチェックは必要です。

そのバランスの取り方は、今後の課題だと思っています。

【10-2】近年の予想トレンド

まずは、何と言っても映像分析です。

2015年の春から、JRAのホームページで全レースの動画が見られるようになりました。

2017年1月からは、パトロールビデオも全レース公開されています。

グリーンチャンネルのレースリプレイをハードディスクに録画していた僕からすれば、随分楽になったものです。

その反面、レース映像を重視する人が増えました。最近では不利があると次走で過剰人気します。

とはいえ、2走後・3走後はオッズにほとんど反映されません。

また、「ペース適正」や「路面状態」や「折り合い」や「騎手」など細かな部分まで見ている人は少ないように思えます。

この本に書かれた要点を押さえておけば、レース映像を分析する価値はまだまだあるはずです。

また、最近は「売れやすい馬券の組み合わせ」を意識して買う人が多くなりました。

オッズの歪みを考慮して買うのは実際効果的です。

競馬ファンの大半が「的中率」と「配当」のバランスを無意識的に考えます。

的中率が恐ろしく低そうな馬券、もしくはリターンが少ない馬券には手を出しません。

例えば、単勝1・1倍の馬なんて買いたくないわけです。

配当がある別の馬を、無理矢理買おうとします。

その結果、単勝1・1倍の馬の期待値は高いです。

しかし、それは同時に「他の馬の期待値が低くなる」ことも知っておいてください。

1・1倍の馬を買いたくないなら、**他の穴馬を探すより「馬券購入を見送る」**のが正解です。

逆に、**1番人気の単勝オッズが4倍を超える場合には、おおむね穴馬の期待値が高くなりま**

す。

関連して「馬券の組み合わせ」も重要です。

一般的に買われやすいのは「人気馬＝穴馬」という組み合わせになります。

特に「4番人気〜6番人気」あたりの馬は期待値が低いと考えてください。

これは簡単な話、人気馬から4〜5頭に流す人が多いからです。ボックスでも4〜5頭をピックアップする人が大半だと思います。

流しやボックスは1点あたりフラットな金額で買うわけです。

その場合、「的中率が低くて配当が高い組み合わせ」は、必要以上の金額を買うことになります。

その対策として1点1点購入金額を変えてもいいのですが、本書で述べた通り、買い目を絞ることを意識してください。

穴馬を軸にして、ヒモには「似たような脚質の馬」「似たようなペース適正の馬」を買うのが正解です。

軸馬とタイプが異なる馬なら、人気でも蹴っ飛ばしましょう。

オッズの偏りを意識して馬券を買うのも有効な技術介入ではありますが、そういった考えを持つ人は年々増えています。近い将来通用しなくなるかもしれません。

オッズ分析予想を否定するつもりはありませんが、ほどほどにしておきましょう。

「ＶＴＲ派」・「オッズ派」の他には「データ派」に注視する必要があります。

データ派のメリットは「擬似的な期待値を出すことが可能」な点です。

算出した期待値が正しいかどうかは別として、期待値１００％オーバーの買い方を見つけた時点で勝った気分になれます。

アナログ予想と違って賢そうに見えるのも人気の理由です。

今後もデータ派は増え続けるでしょう。

データ予想については繰り返しとなりますが、信頼性（再現性）を精査しないとダメです。

「たまたま偏っただけなのでは？」「過去のデータは今回行われるレースと本当に関連性があるのか？」といった視点でデータを見てください。

多くのデータ予想派は「期待値100%オーバーの買い方を見つけた」だけで半分満足してしまっています。実際この本で紹介したデータも未来永劫通用する保証はありません。

そういった意味では改良・発展の余地がある分野です。

【10-3】今後の見通し

近年「競馬の変化」というのは小さく、予想理論はある程度煮詰まりました。

「競馬を一生懸命勉強しても、次々新しい理論が出てきてキリがない」という状況にはならないはずです。


一度公開された予想理論は、一般の競馬ファンへ徐々に浸透していきます。

全体の予想レベルが上がると、競馬で勝つことが難しくなるのは言うまでもありません。

今勝っている人も『予想理論の煮詰まり』は危惧していると思います。


これからどうすればいいのでしょうか？

結論的には先述した通り、「大半の競馬予想家は特定のファクターにこだわるので、総合的な予想をすればいい」という考えに行き着きます。

今後は**「情報をいかに効率よく集めるか」**が勝負の鍵になるはずです。

とはいえ、競馬メディアは昔からあまり進歩していません。

有料で配信されている情報ですら詐欺まがいなモノがあります。

無論、ネットで無料公開されている情報は「ほとんど価値が無い」と考えてください。

メタボ教授の競馬ブログだって例外ではありません。

そんな中、今後もてはやされるのは『予想に役立つ情報（ツール）を提供する』サイトです。


例えば「パドック診断」というのは有料でも需要があると思います。しかし、パドック診断の類でオススメできる人は、僕が知る限り存在しません。


何故なら「予想を含めた」評価を提供している人が大半だからです。

知りたいのは「馬の状態が前走と比べて良いのか悪いのか」の1点だけであり、その人の予想が知りたいわけではありません。

パドックに限った話ではなく、競馬予想家を名乗る人たちは「予想の提供」に重きを置いてしまっています。

そうは言っても、一般の競馬ファンが求めているのは「予想に役立つツール（情報）」ではなく、「勝てる予想」です。勝てる予想なんて有料でも公開されないわけですが、それを理解している人は少ないと思います。

そのため、競馬メディア・ブログが「予想」をメインコンテンツに据えるのは今後も変わらないでしょう。

競馬で勝ちたいなら「他人の予想」をあまり参考にせず「客観的な情報の収拾」を優先してください。

普段の情報収集については、最新の競馬ニュースをチェックするくらいで大丈夫だと思います。

あとは有用な予想ツールが登場することを祈るばかりです。
いいツールが見つかりましたら、また改めてブログで紹介します。

終わりに

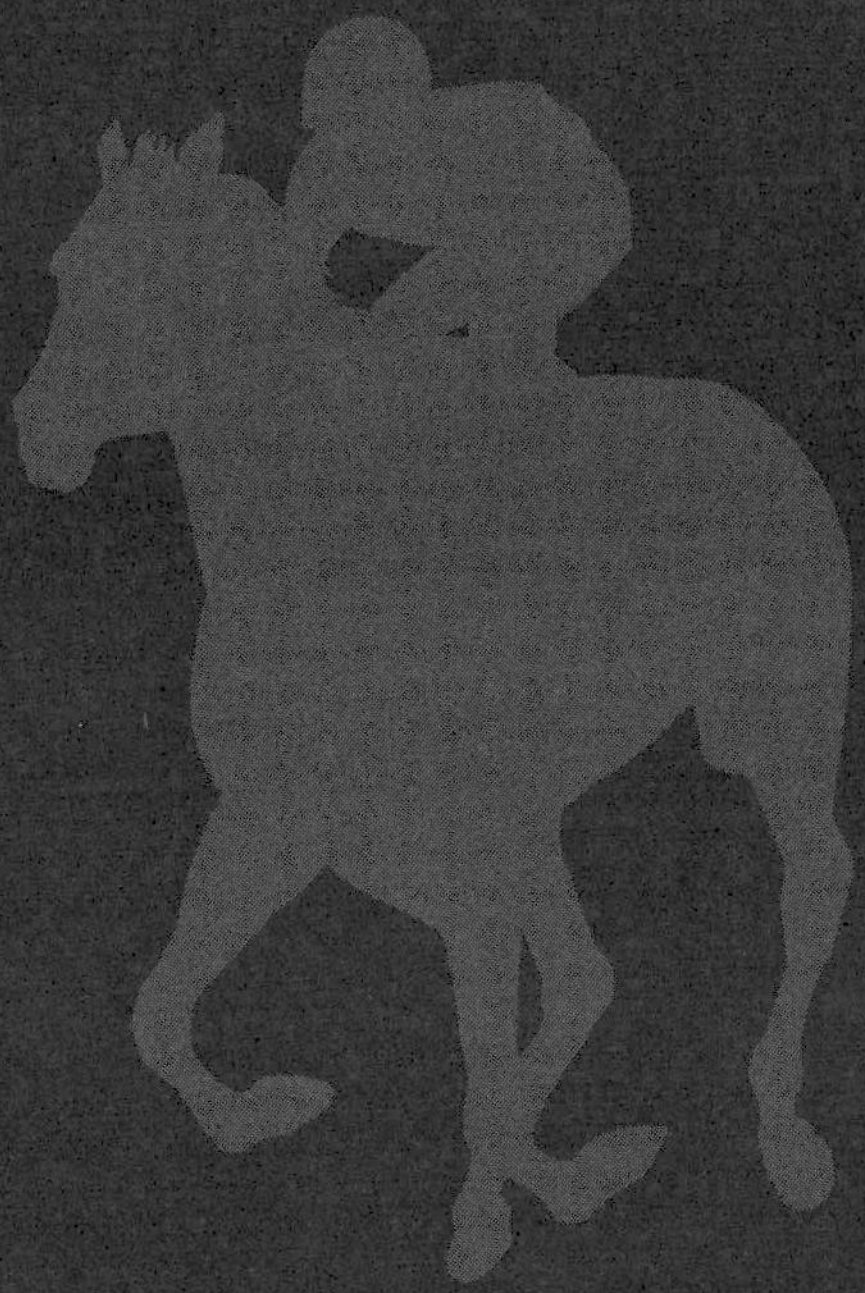

終わりに

ＪＲＡは長らく売上の低迷が続いてきましたが、近年ようやく底が見えました。パチンコ・パチスロに規制がかかったり、オートレースが払い出し率を下げるなどした関係で、他のギャンブルから競馬に転向する人が増えています。

またスマホが普及し、ほとんどの人がネットを使えるようになりました。ＪＲＡがネット対策を強化すれば、伸びしろはまだまだあるでしょう。新規プレイヤーが増えれば、それだけ競馬で勝ちやすくなります。

メタボ教授の最終目標は、競馬メディアの発展に寄与し、新規プレーヤーの獲得に貢献することです。

それが僕自身の馬券回収率の向上にもつながります。

最終目標をそこに置いているため、今後も「勝ちに徹した競馬予想ブログ」にするつもりはありません。

ゆえに、僕のノウハウはこの書籍にて公開させて頂きました。

なお、本書の追加コンテンツとして質疑応答のページがあります。

皆様から寄せられた質問にメタボ教授が回答するページ

https://keibayosou.metabopro.com/situgioutou/

ぜひ、ご覧ください。

質疑応答だけではなく、補講として追加コンテンツも入れています。

電子書籍版の隠しコンテンツも公開中です。

今後もコンテンツを追加していく予定ですが、何かしらの更新をした時はメタボ教授のブログで告知します。

最後になりましたが、本書をご覧頂き、誠にありがとうございました。

皆様の馬券回収率の向上を祈りつつ、締めさせて頂きます。

メタボ教授

香川県丸亀市出身。

大学時代から「競馬で食べて行く」事を目標に頑張るも途中で挫折、７年間社会人を経験した後に脱サラして再挑戦。

ブロガーとしての活動も開始。

瞬く間に人気ブログへと成長する。


【代表ブログ】

メタボ教授の競馬ブログ　https://keibayosou.metabopro.com/

競馬で勝ち続ける1%の人になる方法

2018年7月24日　初版発行
2019年2月15日　第二刷発行

著　者　　メタボ教授
発行人　　松田　元
編集人　　山本洋之
発行所　　株式会社創藝社
〒162-0825　東京都新宿区神楽坂6-46 ローベル神楽坂10階
TEL　03-5227-6213　FAX　03-4243-3760
http://www.sougeisha.com/
協　力　　NPO法人企画のたまご屋さん
カバーデザイン　合同会社スマイルファクトリー
本文デザイン　野辺隆一郎
印刷・製本　中央精版印刷株式会社

Printed in Japan　ISBN978-4-88144-245-6